추 천 사

도시의 분주함, 바쁜 업무, 높은 집세, 아이들 교육 및 챙겨야 할 어른들, 그 와중에 돈을 아끼고 저축하며 미래도 생각해야 한다. 이것은 2천 년 전 로마제국의 여러 도시에 흩어져 있던 초대교회 성도들의 이야기다. 베드로가 "본도, 갈라디아, 갑바도기아, 아시아와 비두니아에 흩어진 나그네"라고 초대교회의 성도들을 부를 때는, 이러한 성도들의 고단함과 염려 가운데 함께하려는 목자와 아버지의 심정이 담겨 있다.

이 현실은 지금도 계속된다. 그래서 성도들의 고단함과 염려에 함께하려는 목자의 마음이 저자로 하여금 이 책을 쓰게 만들었다. 『성경에서 배우는 주식투자』는 성도들의 현실을 함께 고민할 뿐 아니라 우리에게 주시는 복음이 지닌 "은혜와 평강"을 저축과 투자라는 재정의 영역에까지 확장한다. 따라서 실제적이면서도 성찰적이다. 주식이나 투자의 초보자라면 으레 갖게 될 질문들에 상세히 답하는 동시에 복음의 진리에 따라 그 답들을 다시 생각해 보게 한다. 그런 점에서 성도들뿐 아니라 그들을 돕고자 하는 목회자들에게도 기꺼이 추천한다.

투자는 두려워하거나 감출 이슈가 아니다. 우리 안에 있는 진리의 복음은 오히려 우리로 하여금 현실을 직면하게 하며 그 현실 가운데 함께하시는 하나님을 발견하게 할 것이다. 삶의 폭풍 한가운데서 경험하고 증거되는 복음은 우리 삶을 하나님의 선교가 되도록 한다. 하나님 나라 복음이 우리 삶과 사회 전체에 편만해짐을 소망하기에, 이런 씨름과 증거가 더 풍성해지길 기대한다.

_ 조샘(선교단체 인터서브코리아 대표)

돈은 우리 삶에 필수적이고 소중한 수단이지만, 그 자체가 목적이 되면 고통과 두려움을 일으키는 양면성을 지니고 있다. 평생 금융 분야에 종사하며 그리스도인으로서 성경적 재정 관리에 대해 끊임없이 고민하며 마음의 중심을 잃지 않으려고 애썼던 기억이 있다. 지금도 마음의 평화를 유지하면서 지혜롭게 주식투자를 하고 싶은 많은 이들의 갈망이 있을 텐데, 그런 이들에게 이 책은 내비게이션이 되어 줄 것이다.

『성경에서 배우는 주식투자』는 경제, 금융 분야에 대한 전문적인 식견, 폭넓은 비즈니스 경험과 감각을 지닌 저자가 경제적인 문제에 시달리는 교인들에 대한 목자의 안타까움과 사랑을 담아 집필한 책이다. 신앙적인 조언에 그치지 않고 현실적인 도움이 되는 성경적 해결책을 모색하고 있기에, 이 책은 원론적인 차원을 넘어 실제적인 도움을 줄 것이다.

_ 서태원(베네투스 자산운용사 대표, 전 신한은행 미주법인장)

성경에서
배우는
주식투자

How to Become a Wise Investor

성경에서 배우는
주식투자

유재혁

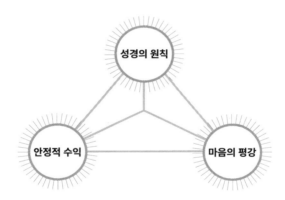

카비넌트북스

경제와의 씨름 속에서

성경 말씀의 인도하심과 지혜를

겸손히 그리고 진지하게 구하려는 모든 분과

이 책의 보람을 나누려 합니다.

CONTENTS

목사가 주식투자에 관한 책을 쓴다? 어떤 사람들은 당연히 합리적 추측을 할 것이다. 분명히 많은 고민이 있었을 거라고…. 경제학자도 아닌 목사가 주식투자에 관한 책을 썼으니, 고민의 시간이 좀 있었을 거라고 짐작할지 모른다. 하지만 그런 고민은 전혀 없었다. 이런 책을 쓰게 되리라고 생각조차 해 본 적이 없었으니 말이다. 그냥 우연한 계기가 있었는데(개혁주의 목사로서 우연은 없다고 보지만), 그 일을 계기로 갑자기 노트북을 꺼내 쓰기 시작했다. 목사가 이런 책을 쓰는 것이 어울릴지 말지는 생각할 겨를도 없었다. 그냥 쓰기 시작했는데 그 동안 마음에 담겨 있던 무언가가 글을 통해 쏟아져 나오는 느낌이었다. 글을 써내려 가는 속도도 다른 책들보다 훨씬 빨라서 거의 2주 만에 초안이 완성되었다. 마치 무의식 속에서 이런 책을 쓰려고 준비하고 있었던 것처럼, 머리의 생각이 빠르게 손으로 전달되었다. 그 마음의 물꼬를 트게 된 계기는 하나의 작은 에피소드에서 비롯되었다. 그리고 그 작은 일이 계기가 되어 글을 쓰는 과정에서 더 깊은 마음의 동기를 깨달을 수 있었다. 신기한 일이면서 신나는 일이기도 했다.

표면적인 계기는 우연히 찾아왔다. 아내는 일을 마치면 수영장에 가는 게 일상이다. 아내는 수영도 좋아하지만 수영장에서 만나는 친구들과 수영 후에 욕탕에서 갖는 시간을 즐거워한다. 친구들과 살아가는 이야기를 나누다 보면 일에서 오는 스트레스가 풀리기도 해서, 그 시간이 즐거운 일상이 된 것이다. 그런데 어느 날 저녁에 아내가 집에 와서는 이전에도 몇 번 했던 말을 지나가듯 또 말했다. 사람들이 주식투자 이야기를 자주 하는데, 아내는 별 관심이 없어 처음에는 한귀로 듣고 한 귀로 흘렸다고 한다. 그런데 많은 수영장 친구들이 주식투자를 하다 보니 자꾸 그런 이야기를 한다는 것이다. 어떤 친구는 주식투자에서 상당한 돈을 잃었는데 남편한테 말도 못하고 속으로 끙끙 앓고 있다고 한다. 듣고 보니 속앓이를 할 만큼 큰 금액이었다. 또 어떤 친구는 남편에게 시드머니(종잣돈)를 받아 투자를 시작했는데 이제는 매일 아침 경제 뉴스를 챙겨 보는 것이 일상이 되었다는 둥, 이런 종류의 이야기를 자꾸 듣다 보니 아내에게도 자연스럽게 관심이 생기기 시작한 것이다. 투자에 대한 관심이 생겼다기보다 친구들이 주고받는 대화를 이해하고 싶었다는 것이 더 정확한 이유일 것이다. 그래서 평소에는 경제에 전혀 관심이 없던 아내가 대뜸 "나도 공부 좀 시켜 줄 수 있어? 무슨 말인지 이해가 잘 안 돼"라고 말했다. 돈에 관해서라면, 아내는 자기 지갑에 있는 현금 말고는 별 관심이 없는 사람이다. 기껏해야 은행 예금 정도만 알지, 나머지는 별 관심이 없이 지내도 전혀 불편함을 못 느끼는 사람이다. 하지만 그날따라 아내의 말에서 진지함이 느껴졌다. 한편으로는 나중에 내가 먼저 하늘나라로 가게 된다면 아내가 금융 문맹이 되어서는 곤란할 것 같다는 생각도 들었다. 그래서 시작한 공부는 며칠을 넘어 몇 주 동안 이어졌다. 하루에 30분만 하기로 정한 공부가 한 시간을 훌쩍 넘긴 날도 있었다. 아내는 의외로 경제와 투자에 대한 공부를 재미있어 했다. 얼마 지나지 않아 아내는 경제와 금융 분야에 눈을 뜨고 사람들이 하는 말을 이해하는 수준을 넘어 분석까지 할 수 있게 되었다. 원래 새로운 것에 도전하고 배우기를 좋아하는 아내는 경제와 금융에도 흥미를 느끼기 시작했다. 그러다 보니 나까지 덩달아 보람을 느낄 수 있었다. 사람은 누군가에게 도움 주는 일을 통해 보람을 느낀다. 목사는 그런 성향이 더욱 강한 편이다.

이 일을 계기로 생각이 꼬리를 물기 시작했다. 우선 우리 교회 교인들이 생각났다. 이 책을 쓰게 된 표면적인 동기가 아내였다면, 더 깊은 동기는 바로 내가 알고 있는 교인들이었다. 우리 교회의 교인들뿐 아니라 다른 교회 교인들도 생각이 났다. 요즘은 사실 많은 교인이 주식투자를 비롯한 금융활동을 하고 있다. 아내의 수영장 친구들처럼 교회 안에서 그런 이야기를 스스럼없이 나누지는 않지만, 많은 교인이 주식이나 심지어 가상화폐 투자도 하고 있는 실정이다. 그중 적지 않은 교인이 투자에 실패해 속앓이를 하고 있다. 심한 경우에는 가정에 위기가 찾아오기도 한다. 어떤 종목을 투자해서 물려 있다는 둥 주식투자에 관해 교인들이 이런 저런 이야기를 나누는 것을 들은 적도 있다. 드러내 놓고 말하진 않지만, 투자로 인한 스트레스도 많은 것 같았다. 하지만 목사로서 이런 부분에 관심을 가지고 조언할 생각은 별로 해 보지 않았다. 그렇지 않아도 많은 일을 보살펴야 하는 것이 목회인데, 목회자의 영역으로 여겨지지도 않는 경제 문제에까지 손을 대는 것은 별로 내키지 않았다. 사실 교인들도 목사에게 그런 조언을 들으려는 기대는 거의 하지 않는다. 그래서 딱히 해줄 필요성도 못 느꼈다. 하지만 속으로는 안타까운 마음이 종종 들었다. 엎질러진 물처럼 돌이키기 힘든 상황에 처한 교인들을 보면 무언가 도와주고 싶은 마음이 굴뚝같다가도 스스로 멈춘 적이 여러 번 있었다. 이유는 간단하다. 첫째는 목사에게 썩 어울리는 일이 아니라고 느꼈기 때문이다. 목사가 그런 데까지 조언한다는 것이 왠지 어색하게 느껴졌다. 둘째 이유는 금융에 대한 조언이 단순한 문제가 아니기 때문이다. 기본적인 설명까지 곁들이려면 아내와의 공부처럼 주기적인 시간이 필요한데, 목사가 교인 한 사람에게 금융공부, 주식공부를 장시간 시키기란 현실적으로 불가능하다. 하지만 투자를 잘 몰라 낭패를 보거나 힘들어하는 교인들을 볼 때 생기는 안타까운 마음은 금할 수가 없었다. 한번은 미국에서 오래 살다가 온 젊은 집사님이 "목사님, 미국에서 교회를 다닐 때는 경제관이나 투자에 관한 성경적인 가르침을 종종 들었는데 우리 교회에서는 그런 세미나를 왜 안 해요? 그런 기회를 마련해 주면 교인들에게도 도움이 될 텐데요" 하는 것이다. 그 제안이 좋은 의도에서 나온 것이라는 생각이 들었음에도 입에서는 이런 대답이 나왔다. "그럼 집사님이 한번 해보면 어떨까요?" 그 부탁이 마음에 걸려서 금융 분야에 오래 몸담으셨던 장로님께 교인들에게 성경적인 경제교육을 시켜 달라고 부탁드렸다. 처음에는 흔쾌히 승낙하셨는데 며칠 뒤 곤란하다는 답이 돌아왔다. 교인들이 원하는 것은 실제적인 부분이지 원론적인 부분이 아닐 텐데, 그런 가르침을 주기에는 스스로도 준비가 안 되었기 때문이라고 하셨다.

경제는 나의 오랜 관심과 취미였다. 나는 대학을 졸업하고 대기업에 취직한 뒤 해외영업부에서 수년간 근무했고, 이때 비즈니스의 기본을 배울 수 있었다. 그러다가 신학 공부를 위해 가족과 미국으로 가기 위한 비용을 마련하려고 30대 초반에 비즈니스를 시작했다. 당시에는 경기가 좋아서 사업이 꽤 잘되었다. 어느 정도 시간이 흐른 뒤 사업도 궤도에 오르고 시간적, 금전적 여유가 생기자 투자에 대한 공부를 하고 싶었다. 그래서 동네 증권사로 무작정 가서 계좌를 개설하고 담당자를 소개받았다. 담당자와 이야기를 나누다가 식사대접을 하고 싶다고 제안했다. 투자에 대한 조언을 얻고 싶었기 때문이다. 나중에 알고 보니 그 담당자도 열심히 교회를 섬기는 젊은 집사님이었다. 그래서 준비한 부탁을 쉽게 꺼낼 수 있었다. "경제와 금융 그리고 주식투자에 대한 공부를 좀 하려고 합니다. 도와주시면 감사하겠습니다." 말은 그렇게 꺼냈지만 정말로 원하는 것은 주식투자에 대한 조언이었다. 그러자 의외의 답이 돌아왔다. "주식투자를 배우시기 전에 경제와 금융시장의 근본 흐름부터 배우셔야 합니다. 그래야 제대로 된 공부를 하실 수 있습니다." 그렇게 말하면서 몇 권의 책을 추천해 주었다. 그 책들을 통해 기초부터 제대로 공부할 수 있었고, 경제의 사이클과 시장의 흐름에 대한 이해가 생겼다. 사실 많은 개인 투자자들은 이 기초 공부를 건너뛰고 바로 투자에 임하는데, 이것은 군인이 기초 훈련도 제대로 받지 않고 전쟁터에 나가서 싸우려는 것과 비슷한 무모함이다.

그 뒤 목회자의 길로 들어선 뒤 투자의 세계와는 자의 반 타의 반 선을 긋고 지냈다. 주식투자에 신경 쓸 겨를도 사실 별로 없었다. 하지만 경제에 대한 관심의 끈은 놓지 않고 살았다. 이상하게 들릴지 모르지만, 나에게 경제와 세계 이슈에 대한 관심은 일이 아니라 즐거운 취미활동 비슷한 것이었다. 설교 준비를 하다가 기분전환이나 휴식이 필요할 때 산책을 하거나 밖에 나가기가 여의치 않으면 경제뉴스와 세계뉴스를 보면서 머리를 식히곤 했다. 설교가 의미 있는 지적활동이라면 경제에 대한 관심과 공부는 머리를 쉬도록 만들어 주는 여가활동이었다. 신기하게도 경제에 대한 공부가 목회에도 도움이 되었다. 경제를 공부한다는 것은 경제 자체만을 공부하는 것에 그치지 않는다. 경제를 넘어서 세상 돌아가는 모습과 그 속에서 살아가는 교인들의 삶을 이해하는데 도움이 된다. 목사의 설교는 결국 삶에서 적용할 부분들을 짚어 주어야 하는데, 경제 공부를 통해 세상 돌아가는 적나라한 모습 그리고 그 속에서 살아가는 교인들의 입장을 이해할 때 목회에도 많은 도움이 되었다.

이 책은 단순히 주식투자에 대한 성경적인 도움을 주려고 쓴 것이 아니다. 더 깊은 동기가 있다. 현재 지구상에서 살아가는 사람들은 두 가지 커다란 경제적 문제에 시달리고 있다. 첫째는 가난의 문제고 둘째는 상대적 박탈감의 문제다. 가난한 나라에서는 음식과 물 부족이 큰 문제다. 아직도 지구상에는 이러한 생존 문제에 직면한 사람이 전체 인구의 3분의 1 정도라고 한다. 하지만 대한민국처럼 선진국 문턱까지 온 나라에서는 상대적 박탈감이 문제다. 그렇다면 가난과 상대적 박탈감 중 어느 쪽이 더 힘들까? 이렇게 따지는 일은 단순한 문제가 아니다. 오래 전에 여기에 관한 흥미로운 이야기를 들은 적이 있다. 굶주림 때문에 탈북해서 남한에 정착했던 탈북민들이 다시 북한으로 돌아가는 경우가 가끔 있는데, 그 이유가 바로 남한 사회에서 겪게 된 상대적 박탈감 때문이라는 것이다. 처음에 탈북을 해서 남한에 왔을 때는 별천지 같은 경험을 한다. 먹을 것이 풍부한 정도를 넘어서서 북한에서는 듣도 보도 못한 음식들, 전기와 온수가 끊이지 않는 환경에서 신기한 허니문을 겪다가 서서히 남한 사정에 눈을 뜨기 시작하면 그들도 상대적 박탈감을 느끼는 지경에 이르게 된다. 그래서 탈북민들 중 일부는 남한에서 상대적 박탈감을 느끼며 살아가느니 가난하더라도 북한에서 공평하게 사는 것이 속 편할 것 같아 북한으로 돌아간다고 한다.

상대적 박탈감의 문제는 우리 사회가 당면한 심각한 문제다. 특히나 우리나라는 비교와 경쟁의식이 남달리 강한 문화를 지니고 있다. 교회에서는 남과 비교하지 말고 하나님의 자녀라는 신분을 크게 생각하라고 가르친다. 또 돈을 사랑하지 말고 자족하라고 가르친다. 다 맞는 말이다. 하지만 다른 각도에서 본다면 가난한 사람들에게 먹을 음식과 마실 물을 주지 않고서 신앙으로 무장하라고 한들 근본적인 문제가 해결될 수 있겠는가? 상대적 박탈감의 문제도 마찬가지다. 상대적 박탈감을 주는 양극화 현상은 하나님께서 강조하시는 사회 정의에 위배되며,

따라서 당연히 사람들을 고통스럽게 하는 상존하는 문제다. 후진국의 가난한 사람들에게 빵을 주고 직업을 갖도록 도우면서 하나님 나라의 정의를 실현하려고 하듯이, 우리나라와 같이 발전된 사회에서는 상대적 박탈감에 시달리는 사람들이 그것으로부터 벗어날 수 있도록 돕는 것이 실제적인 사랑의 실천일 것이다.

지금도 상대적 박탈감에서 벗어나고 더 나은 경제적 토대를 만들려고 투자에 발을 들였다가 실패하는 바람에 오히려 더 큰 경제적 난관에 부딪히는 일들이 비일비재하다. 특히나 우리나라는 노인 빈곤율이 OECD 국가들 중에서 가장 높다. 당연히 미래에 대한 염려를 할 수밖에 없는 사람들이 많이 있다. 그런 사람들에게 그냥 믿음으로 극복하라고 하는 것은 이론적인 이야기일 뿐 실제적인 도움은 거의 되지 않는다. 이 책에는 상대적 박탈감이나 노후에 대한 염려로 시달리는 사람들에게 금융희망을 주려는 의도도 담겨 있다. 성경의 원칙을 가지고 경제와 주식투자를 다루어서 금융희망을 주는 일 또한 지금 시대에 필요한 일이 아닐까 하는 생각이 들었다. 사회의 가장 절실한 필요를 충족시킴으로 복음의 접촉점을 만드는 것이 사랑이고 전도라면, 우리 사회의 가장 절실한 필요를 하나님 말씀의 지혜로 충족시키는 가이드라인을 제시하는 일 또한 의미 있겠다는 생각이 들었다. 주식투자도 하나님의 말씀으로 인도함을 받을 수 있다는 뜻인가? 그렇다. 그 이야기를 하고 싶다. 물론 우리는 돈을 사랑하지 말라는 말의 의미를 새겨야 한다. 하지만 성경은 돈을 무시하라고 가르치지 않는다. 사람들이 들으면 '이런 말도 성경에 있나?' 하고 놀랄 구절을 하나 소개하고 싶다.

돈은 만사를 해결한다. (전도서 10장 19b절, 새번역)

이 말씀은 앞뒤 문맥으로 볼 때 돈을 신격화하라는 말씀이 아니다. 돈이 최고라는 뜻도 아니다. 하지만 돈이 삶에 분명히 요긴하다는 지혜를 가르친다. 돈이 삶에 반드시 필요한 것이라는 말이다. 그래서 돈을 소홀히 여기거나 무시하지 말라는 가르침이다. 돈은 인간의 삶에 꼭 필요하면서 악한 역할도 많이 한다. 그래서 돈이나 돈에 관련된 투자에 대해서도 성경의 가르침을 통해 제대로 배워야 한다. 이 책에서 제시하려는 주식투자의 방법이 성경적으로 유일한 것이라고 생각하지는 않는다. 다만 주식투자도 성경적 원칙을 가지고 접근할 수 있으며 또 그렇게 하여야 함을 말하려는 것이다. 이 책의 내용이 그리스도인에게만 유익한 것은 아니다. 그리스도인이 아니더라도 세상을 움직이시는 하나님의 일반섭리 안에서 살아가는 사람들에게는 이 책이 얼마든 유익하다고 생각한다. 모쪼록 금융소망을 가지고 미래를 지혜롭게 준비하려는 모든 분에게 이 책이 조금이나마 도움이 되길 바란다.

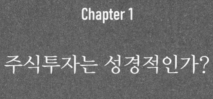

Chapter 1

주식투자는 성경적인가?

주식투자는 이제 많은 사람이 실제로 접하는 영역이 되었다. 사람들은 주식투자를 잘해 보고 싶어 정보도 얻고 공부도 한다. 그리스도인들도 주식투자를 잘하고 싶을 것이다. 일반적인 공부도 하겠지만, 하나님께 도와 달라고 기도도 할 것이다. 그런데 성경적인 관점에서 금융이나 주식투자와 같은 주제를 다룬 책은 거의 없는 것 같다. 교인들에게 도움을 주려고 여기저기 검색해 봤는데, 경제나 투자에 대한 성경적 원리를 다룬 책은 한두 권 있었지만, 사람들이 정말로 원하는 실전에 관해 구체적으로 다룬 책을 찾진 못했다. 그런 책을 찾았더라면 이 책을 쓸 이유도 없었을 것이다. 이 책에서는 경제와 주식투자에 관해 그리스도인이라면 누구나 겪어 보았을 딜레마에 대한 답을 얻기 위해 성경적 원칙들을 다루었다. 하지만 이 책은 원론이나 원칙만 다루는 데 그치지 않고, 어떻게 주식투자를 성경적 원칙들에 따라 할 수 있을지에 대한 구체적인 사례들과 방법들도 다루었다. 주식

투자의 "How to"에 대한 실제적인 사례들과 성경의 원칙에 따른 구체적인 투자 방향도 나누었다. 구름 위에 떠서 하는 고상한 이야기가 아니라 주식시장이라는 치열한 현장을 접하고 있는 사람들에게 실제적인 이야기를 하고 싶었다. 대부분 그동안 취미 삼아 해온 공부와 지식을 공유한 내용이다. 그리고 몇 년 전부터 이전의 공부를 바탕으로 삶의 필요와 노후를 준비하기 위해 차근차근 실행하고 있는 주식투자의 경험을 나누려고 했다. 비슷한 고민을 하고 있을 분들에게 도움이 되면 좋겠다. 개인적으로는 그동안 교인들에게 느낀 마음의 짐이 좀 덜어졌으면 한다. 이제 본론으로 들어갈 준비가 된 것 같다.

___ 주식투자에 대한 성경적 고민

> 좌로나 우로나 치우치지 말고 네 발을 악에서 떠나게 하라.
>
> (잠언 4장 27절)

어떤 사람들은 주식투자에 대해 성급하게 판단한다. "그리스도인은 주식투자를 하지 말아야 합니다"라고 주장하는 것이 옳은 일일까? 주식투자가 옳은 일이 아니라면 국민연금도 들지 말아야 할지 모른다. 우리가 내는 국민연금의 상당 부분은 주식에 투자되고 있으니 말이다. 물론 주식투자가 성경적으로 옳지 않은 모습일 때가 있다. 마음의 평강을 빼앗아 가기도 한다. 탐욕에 사로잡히거나 투기나 도박처럼 하는 투자는 주식이 아니라 부동산인 경우도 바람직하지 않다. 그런데 만일 주식 투자자가 없다면 우리 사회는 어떻게 될까? 지금과 같은 형태의 기업들은 존재할 수 없고 현재의 자본주의 시스템은 멈추고 말 것이다. 주식투자의 한 쪽 면만 보고 주식투자 자체를 부정적으로 본다면 그것은 공평하지도 지혜롭지도 못한 일이다. 주식투자를 모두가 해야 하는 것은 결코 아니다. 안 하는 것이 자신에게 좋은 선택이라면 안 해도 무방하다. 하지만 주식투자를 자산관리나 자산증식의 한 수단으로 삼고 싶다면 제대로 배워야 한다.

진정한 의미에서의 주식투자는 투기도 아니고 도박도 아니다. 주식투자 자체가 좋은 것인지 나쁜 것인지 묻는다면 그것은 어리석은 질문이다. 이것은 마치 돈이 좋은 것인가 나쁜 것인가라고 묻는 것과 비슷하다. 대부분의 사람은 돈이 유익하게 쓰일 때가 있고 돈 때문에 악한 일도 생긴다는 사실을 알고 있다. 매일 돈을 벌고 쓰며 살면서 돈 자체가 악한 것이라고 말한다면 그것은 성립될 수 없는 논리일 뿐이다. 마찬가지로 자본의 적절한 투자로 산업과 경제가 돌아가는 세상에 살면서 투자 그 자체가 악한 것이라고 말한다면, 그것은 미련함이나 위선일 뿐이다. 다만 올바른 투자와 비뚤어진 투자는 구분되어야 한다. 예수님의 달란트 비유에서는 다섯 달란트를 받은 종과 두 달란트를 받은 종이 비즈니스를 해서 이윤을 남긴 이야기가 나온다(마태복음 25장). 예수님은 이들을 "착하고 충성된 종"이라고 칭찬하셨다. 이처럼 비즈니스나 투자도 성실한 삶의 한 모형이 될 수 있다. 사실 투자도 비즈니스의 한 형태다. 자본이 필요한 곳으로 흘러가도록 하는 일이 주식투자며, 투자자와 기업이 협업하여 열매를 나누는 것이 주식투자의 근본 이치다.

물론 주식투자에도 옳지 않은 심지어 악한 모습과 관행이 실재한다. 탐욕과 광기의 주식투자는 결코 바람직하지 않다. 하지만 이런 비뚤어진 주식투자의 형태에 대한 직간접적 경험 때문에 주식투자 자체를 나쁘고 악하다고 매도하는 것은 공정한 판단이 아니다. 자신의 주관적인 경험 때문에 주식투자의 본질에 대한 객관적인 이해로 나아가기를 꺼린다면 제대로 된 이해로 나아가는 건 불가능하다. 우선은 제대로 이해하고 취사선택을 하는 것이 바람직하다. 세상의 일들에 대해 성경이 가르치는 지혜는 한쪽으로 치우친 판단을 내리지 않는 것이다. 지혜는 대부분 균형 잡힌 모습을 띤다. 좌로나 우로 치우치는 것은 지혜로운 모습이 아니다. 성경에는 돈에 관한 긍정적인 이야기도 나오고 부정적인 이야기도 나온다. 돈이 많아 나쁜 길로 들어서는 경우를 말하지만, 성경은 돈을 개미처럼 열심히 벌어서 미래를 준비하라고 가르치기도 한다. 예를 들면 디모데전서 6장 10절에서 바울은 "돈을 사랑함이 일만 악의 뿌리가 되나니 이것을 탐내는 자들이 미혹을 받아 믿음에서 떠나 많은 근심으로써 자기를 찔렀도다"라며 돈의 위험과 악함의 경우를 경고했다. 하지만 성경 다른 곳에서 하나님은 열심히 돈을 벌어 미래를 준비하라고 가르치신다. "개미는 두령도 없고 감독자도 없고 통치자도 없으되 먹을 것을 여름 동안에 예비하며 추수 때에 양식을 모으느니라"(잠언 6장 7~8절).

주식투자가 성경적으로 옳은가 아닌가를 묻는 것은 문제의 핵심을 벗어난 질문이다. 오히려 우리는 주식투자를 한다면 어떻게 하는 것이 성경적으로 합당하며 또 지혜로울지를 고민해야 한다. 그런데 이것은 그렇게 단순한 문제가 아니다. 어디까지가 또는 어떤 형태가 성경적인지 명확히 선을 긋기란 그리 쉬운 일이 아니다. 이는 데이트하는 커플에게 성경적인 스킨십의 경계를 명확하게 긋는 일이 쉽지 않은 것과 비슷하다. 하지만 불가능한 일도 아니다. 하나님의 말씀은 우리 삶의 모든 분야에 적용이 가능하기 때문이다. 이 책은 여러분에게 그런 이해와 깨달음을 원리적으로 제시할 뿐만 아니라 실용적으로도 제시하려 한다.

___ 투자에 대한 고민

인간에게는 살아가는 동안 돈이 필요하다. 정말로 필요하다. 그래서 돈을 벌기 위해 노력하며 살아야 하는 게 당연하고도 엄연한 현실이다. 대부분의 사람은 직업을 가지고 성실하게 살면서 돈을 벌어 생계를 유지한다. 그리고 일부는 직업 이외에 다양한 형태의 투자를 통해서도 수익을 추구한다. 투자는 일반적으로 잉여의 자본으로 수익을 창출하기 위한 활동인데, 여기에는 다양한 통로가 있다. 은행에 저축을 하기도 하고, 부동산을 사서 월세를 받거나 시세 차익을 추구하기도 한다. 또한 주식이나 채권에 투자하기도 한다. 사회의 문명화와 더불어 경제 시스템도 복잡해지면서 이에 따른 투자의 통로와 형태도 점점 다양해지는 추세다.

고대 사회에서는 돈을 빌려주고 이자를 받는 일들이 있었는데, 하나님께서는 이스라엘 백성이 이방인에게 돈을 빌려주었을 때는 이자를 받도록 허용하셨지만 동족끼리 이자를 받는 행위는 율법으로 금하셨다(참조. 신명기 23장 19~20절). 예수님은 달란트 비유에서 한 달란트를 받아 그냥 땅에 묻어 두고 수익창출을 위한 아무런 노력도 하지 않은 종을 나무라시며 그 돈으로 누군가에게 빌려주고 이자라도 받았어야 한다고 꾸짖으셨다(참조. 마태복음 25장 24~27절). 이처럼 성경은 자본을 가지고 수익을 창출하는 행위를 금하지 않지만, 윤리적인 면에서 합당하지 않은 일들은 금하고 있다.

오늘날에는 고대 사회와 달리 다양한 투자 방법들이 있지만, 그 원리는 고대 사회의 이자놀이와 별반 다를 것이 없다. 주식투자의 근본 원리는 기업체를 대상으로 돈을 빌려주고 이자에 해당하는 수익금을 배당금이나 회사 성장의 열매로 받는다. 시대와 관계없이 투자는 필요한 일이고 또 당연한 인간의 활동이다. 하지만 투자에는 좋은 투자가 있고 나쁜 투자가 있다. 정상적인 원리를 바탕으로 합리적인 수준의 이익을 추구하는 것이 바람직한 투자라면, 비상식적인 일확천금을 노리는 투자는 투자라기보다 투기나 도박에 가까울 뿐이다. 이에 대해서는 이어지는 장(chapter)들에서 다양한 실례를 통해 성실한 투자와 비이성적 투기에 대한 개념을 구별하고 잡아 나갈 것이다. 이러한 분석의 기준은 무엇보다 성경이고 그 다음은 지혜로운 상식이다.

___ 투자 형태에 대한 고민

역사적으로 가장 오래된 투자 형태는 은행에 돈을 맡기고 이자를 받는 것이다. 은행 예금은 투자의 다양한 형태 중 가장 기본적이고 안전하기까지 하다. 그리고 대부분의 그리스도인은 은행에 예금하는 일에 도덕적으로 문제가 있다고 생각하지 않는다. 사실 저축은 마음에 불안을 느낄 일도 별로 없고 본인이 이자에 만족한다면 평강을 해칠 일도 거의 없다. 그런데 왜 많은 사람이 저축에 올인하지 않을까? 그 이유는 간단하다. 선진국 경제가 될수록 저축에서 기대되는 이자 수익으로는 화폐가치를 지키기가 거의 불가능하기 때문이다. 명목이자율(은행금리)에서 물가상승률을 빼서 얻을 실질이자율이 플러스가 되지 않거나 미미할 때 사람들은 저축할 동기를 잃게 된다. 소위 이자율이 물가상승률, 즉 인플레이션보다 낮을 때 이자를 받더라도 실제적인 투자금의 시장가치 내지 구매력은 하락하게 된다. 특별한 경우를 제외하고 선진국 형 저성장 경제 상황에 처한 나라에서는 이자율이 인플레이션을 따라가지 못한다. 현재의 고금리 정책은 일시적인 상황이고 앞으로는 저금리가 고착화될 가능성이 크다. 후진국이나 개발도상국 국가에서는 은행 이자율이 10프로가 넘지만, 여러 면에서 우리의 미래가 될지 모르는 일본의 경우에는 15년째 제로 금리 정책을 펴고 있다. 심지어 2016년 2월부터는 단기금리를 마이너스 0.1프로로 유지하는 정책을 고수하고 있다. 은행에 돈을 맡겨도 이자를 전혀 기대할 수 없는 금융정책을 펴고 있는데, 문제는 우리나라도 저성장, 저출산 등 일본과 비슷한 경로를 따라가고 있다는 점이다. 따라서 머지않은 미래에 우리나라의 기준금리도 아주 낮은 상태로 고착화될 가능성이 커 보인다.

가장 안전하고 근본적인 투자 형태인 예금이 이제는 투자의 모델로서 매력도가 점점 떨어질 것이기 때문에, 사람들이 예금 이외에 부동산이나 주식 또는 채권에 관심을 가질 수밖에 없는 것이 현실이다. 예금으로 기대할 수 있는 수익률로는 가정의 미래나 자신들의 노후를 준비하기에 턱없이 부족하기 때문에, 부동산이나 주식 투자에 눈을 돌리는 사람들이 많아지는 추세다. 나중에 다시 다루겠지만, 부동산 투자도 이제 저물어 가는 시점에 놓여 있다. 저출산의 가속화와 온라인 거래의 비중 확대는 부동산 투자의 매력도와 안전성에 부정적인 위험 요소로 작용하고 있다. 또한 선진국으로 갈수록 금융투자의 비중이 커지는 것이 일반적인 경향이다. 미국이나 일본의 경우는 부동산보다 주식이나 채권에 대한 직간접 투자의 비중이 우리나라에 비해 월등히 높다. 따라서 금융을 알아야 한다. 주식투자도 제대로 공부해야 한다. 특히나 그리스도인은 성경의 원칙을 주식투자에 적용할 줄 알아야 한다. 그 속에 많은 지혜가 담겨 있기 때문이다. 이 책에서는 주로 주식투자에 대한 부분을 다룰 것이며, 부수적으로 채권투자에 대해서도 간략하게 다루려 한다.

___ 주식투자가 성경적 원리에
근접하기 위한 고민

앞에서도 언급했듯이, 돈의 경우처럼 주식투자도 성경적인 기준을 바탕으로 나쁜 형태의 투자와 건설적인 형태의 투자로 분류가 가능하다. 성경적으로 건설적인 투자의 형태를 찾기 전에 성경적으로 나쁜 형태의 투자를 먼저 살펴보려 한다. 논리학에서 A를 설명할 때 A에 대해 바로 분석하지 않고 "A는 B가 아니고 C도 아니다"라는 방법을 쓸 때가 있는데, 이와 비슷한 방식으로 건설적인 주식투자에 대해 설명하려 한다. 우선 주식투자에서 건설적인 투자와 거리가 먼 형태들을 살펴보자.

___ 성경이 금하는 투자의 형태

처음부터 빨리 모은 재산은 행복하게 끝을 맺지 못한다.

(잠언 20장 21절, 새번역)

성경은 빨리 또는 한 번에 많이 얻은 재물은 끝이 좋지 않다고 가르친다. 극단적인 예로 복권에 당첨된 사람들의 결말이 좋지 않은 경우가 허다하다고 한다. 주식투자에서도 단번에 고수익을 올린 사람의 돈이 끝까지 지켜지는 경우는 아주 드물다. 또한 단기투자로 고소득을 노리는 투자는 투자가 아니라 도박에 가깝다. 하지만 많은 개인투자자들은 이러한 운을 바라고 또 부러워한다. 인간의 본성은 탐욕이며 이 탐욕은 상식을 훨씬 뛰어넘는 이득을 갈망하도록 부추긴다. 하지만 성경은 이것을 아주 위험한 일이라고 경계한다. 그렇다면 왜 한 번에 많은 이익을 추구하는 투자가 위험하고 끝이 좋지 않은 것일까? 우선 단기고수익을 추구하는 사람들은 결국 주식투자에 실패하고 일부는 장을 떠나기까지 한다. 그리고 이들은 자신들이 뼈아픈 경험을 통해 아주 중요한 지혜를 얻은 양 남에게 조언하기도 한다. "주식은 할 것이 못돼. 그냥 쳐다보지도 마." 이런 사람은 자신이 선택한 나쁜 투자로 스스로가 자초한 쓰라린 경험 때문에 주식시장 자체를 떠나는 것이 지혜로운 것처럼 결론을 내린다. 그래서 주식투기로 한 번 잃고 주식시장을 떠남으로 건설적으로 수익을 얻을 기회도 스스로 차단하는 결과를 초래한다.

또한 지혜롭지 못한 단기 고수익을 노리는 투자는 사람의 마음을 병들게 하고 성품까지 망가뜨릴 수 있다. 투기적 투자에 나서는 사람들은 우선 하나님의 가장 큰 선물 중 하나인 평강과 멀어진다. 수시로 주식 창을 들여다보면서 짜릿함과 초조함을 왔다 갔다 하는 과정에서 마음은 점점 병들고 망가진다. 심하면 일상생활에 지장을 초래하고 또 불면증과 조울증의 원인이 되기도 한다. 돈 얻고 마음을 잃어도 불행할 텐데, 돈도 잃고 마음도 잃는다면 얼마나 삶이 힘들어질까? 이처럼 단기간 고수익을 추구하는 형태의 투자는 성공해도 교만해지거나 결국에는 투자에도 실패할 가능성이 크다. 또한 투자에 실패하면 주식투자로 인해 마음이 크게 다치고 삶이 경제적으로 팍팍해진다. 따라서 이러한 탐욕에 이끌린 투자는 투자자 자신에게 절대로 이로운 주식투자의 형태가 아니다. 특히나 그리스도인에게는 더욱 그렇다. 성경적으로 투자의 올바름과 그릇됨을 판단할 수 있는 가장 중요한 기준은 평강과 탐욕 두 가지다. 세상 대부분의 삶이 그렇듯이 100프로 이상적인 모습은 거의 찾기 어렵다. 하지만 평강과 가까

워지고 탐욕과 멀어지는 길이 바른 길이며 지혜로운 길이다. 여기에 해당하는 형태의 투자 실례에 대해서는 나중에 다시 다룰 것이다.

둘째로 스스로 공부하지 않고 소문이나 타인의 추천에만 의지하는 투자는 절대 지혜로운 투자가 아니다.

내 백성이 지식이 없으므로 망하는도다. (호세아 4장 6a절)

물론 호세아서에서 말하는 지식은 하나님을 아는 지식, 즉 말씀과 율법의 지식을 가리킨다. 하지만 이 지식의 중요성에 관한 원칙은 세상의 다양한 분야에도 적용할 수 있다. 예를 들어 교과에 대한 지식이 없으면 좋은 대학에 입학할 수 없으며 컴퓨터에 대한 지식이 없으면 컴퓨터를 제대로 다룰 수 없다. 마찬가지 논리로, 경제와 주식시장에 대한 지식과 이해가 부족하면 지혜로운 투자를 하는 것이 불가능하다. 지혜로운 투자는 한두 번의 성공을 말하는 것이 아니라 꾸준히 성실한 성과를 낼 수 있는 투자를 의미한다. 요행으로 한두 번 수익을 냈다고 우쭐하는 경우가 있는데, 지속적인 투자 성과는 꾸준한 공부와 아주 밀접한 연관이 있다. 꾸준히 투자에서 성과를 거두는 사람들은 모두 공부하며 노력하는 사람들이다. 반대로 자꾸만 실패하는 사람들은 사실 공부가 부족한 사람들이다. 경제의 거시적 흐름에 대한 이해와 투자 대상 기업에 대한 충분한 정보나 지식이 없이 제대로 된 투자를 하는 것은 불가능하다.

예수님도 어떤 일을 도모하기 전에는 충분히 내용을 검토하라고 가르치셨다. 예를 들어 누가복음 14장에서 예수님은 망대를 세우려 할 때 먼저 비용을 계산해 봐야 한다고 하셨다(28~30절). 투자에 빗대자면, 어떤 종목의 투자에 앞서 해당 종목에 대한 공부를 통해 충분한 정보와 지식을 바탕으로 수익에 대한 확신이 강하게 든 후에 투자 판단과 결정을 하여야 한다. 개인 투자자들 중에 뉴스나 유행하는 테마주 또는 지인의 추천을 듣고 투자에 달려드는 경우가 많은데, 스스로 공부하지 않고 하는 투자는 남에게 자신의 재산을 임의로 맡기는 것과 마찬가지다. 이런 식의 투자는 예상치 못한 암초를 만나는 경우가 허다하다. 적어도 어느 종목에 투자를 했다면 어떤 이유에서 또 어떤 비전으로 투자를 했는지에 대한 객관적인 설명이 가능해야 한다. 그래야 실수와 실패를 최소화할 수 있고 원하는 목표를 이룰 가능성을 높일 수 있다. 유행에 따라 투자를 해서 큰 수익을 거둔다 해도 그런 패턴의 투자는 십중팔구 낭패를 보기 마련이다. 우리 주변에는 이런 종류의 실패를 겪은 투자자가 많이 있다. 투자는 수익을 내는 것도 중요하지만 자신의 자산을 안전하게 지키는 것도 중요한 목적이 되어야 하는데, 그러려면 먼저 공부를 해야 한다.

현재 자신의 투자방식이 롤러코스터와 같은 간헐적 수익과 손실의 사이클을 만들고 있어서 마음이 힘들다면 무엇이 문제일까? 투자는 꾸준히 하는데 수익은커녕 손실만 보고 있다면 왜 그런 것일까? 최근 주식투자를 하고 있는 어느 교회의 장로님과 대화를 나눌 기회가 있었다. 그분과 이 책의 집필에 관해 대화를 나누던 중에 이런 이야기를 듣게 되었다. "제가 다니는 교회의 교인들 중 거의 대부분이 주식투자를 하고 있습니다. 그런데 웃픈 현실은 교인들의 목표가 대부분 같다는 것입니다. 바로 원금 회복입니다." 투자를 계속 하는데 장기적으로 손실만 내거나 수익이 거의 없다면 무엇이 문제일까? 많은 투자자가 자신의 투자에 손실이 발생한 원인을 종목 선택의 잘못이라고 생각한다. 겉보기에는 그렇다. 하지만 더 깊은 원인은 따로 있다. 바로 시장을 향한 겸손한 자세가, 배우려는 마음으로 공부하면서 시장을 대하는 기본적인 마음 자세가 부족하기 때문이다. 불행한 결과를 거듭 초래하면서도 자신의 투자 방식에 대한 의미 있는 분석과 반성 없이 다음에는 나아질 거라고 기대하는 것이 지혜로운 생각일까? 자신이 공부하지 않고 그저 뉴스나 추천에 따라 움직이는 투자를 언제까지 계속할 것인가? 아인슈타인은 인간의 광기에 대해 이렇게 정의했다.

미친 짓이란, 매번 똑같은 행동을 반복하면서 다른 결과를 기대하는 것이다.

어디서부터 투자에 대한 공부를 시작해야 할지 모른다 해도 괜찮다. 배우고 공부해야 한다는 사실을 깨닫는 것만으로도 훌륭한 출발이 될 수 있다. 문제는 공부할 필요를 못 느끼는 상태다. 투자는 하고 있지만 그저 단편적인 뉴스나 정보, 투자 트렌드 포착, 유튜브 시청과 같은 것들에만 의존한다면, 제대로 된 기초가 부족한 상태다. 주식투자에 대해 공부한다는 것은 종목에 대한 분석에서 출발하는 것이 아니다. 경제와 금융에 대한 전반적인 이해로부터 출발해야 한다. 경제와 금융시장의 흐름 원리를 먼저 공부하고 더 나아가 현재 시장의 흐름을 알아야 한다. 미래에 대해서도 어느 정도 경우의 수를 놓고 대비할 능력을 갖춰야 한다. 이런 공부가 먼저 이루어진 다음에 투자할 종목에 대한 연구와 선정이 뒤따라야 한다. 그럼에도 많은 사람은 바로 투자에 실행할 수 있는 정보만 얻으려고 한다. 거시적 관점에서 경제 흐름에 대해 공부하지 않고 종목 분석과 투자에 바로 뛰어드는 것은 성경을 공부할 때 전체 문맥에 대한 지식과 이해 없이 바로 적용으로 넘어가는 것이나 마찬가지다. 시장은 이런 금융무지를 넘어서 금융교만의 자세로 달려드는 투자자들을 보기 좋게 내동댕이친다. 시장은 성실히 공부하고 신중히 투자하는 사람들에게 꾸준히 열매를 얻는 기쁨을 허락한다. 소크라테스의 유명한 명언인 "너 자신을 알라!"(Know yourself!)의 뜻은 자신이 무엇을 모르고 있는지 알라는 뜻이다.

이런 배움의 자세로 주식투자를 시작하거나 지금의 투자방식에 변화를 가져오고 싶은 사람들에게 이 책은 의미 있는 도움을 줄 수 있을 것이다. 이 책은 주식시장의 작동 원리에 대한 기본적인 이해를 돕는 정도의 수준이다. 실제적인 사례들도 도움이 될 수 있을 것이다.

무엇보다 성경의 원칙들을 투자에 어떻게 적용하는지 보여 주는 것이 가장 큰 목적이다. 기회가 주어진다면 다음 책에서 더 깊은 내용들을 다루고 싶다. 주식투자의 세계에서도 꾸준한 배움과 공부 그리고 연구의 길이 있다.

___ 성경의 원칙에 근접한 투자가 있을까?

사실 자본주의 경제 체제나 주식시장도 하나님의 일반 섭리 안에서 인간이 만들어 낸 경제 체제다. 그러므로 그 안에는 하나님의 일반 섭리에 부합하는 상식과 논리가 담겨 있다. 성경의 원칙에 입각한 투자를 다루기 전에 먼저 자본주의 경제 체제에서 이루어진 주식시장의 작동원리를 어느 정도 알고 있어야 한다. 그런 후에 주식투자의 형태 중 성경적인 기준으로 분류하고 취사선택할 수 있는 능력을 기르는 것이 순서다. 다음 장부터 우선 자본주의 경제 체제에서의 주식시장에 대한 이해 그리고 경제의 흐름과 투자 대상의 다양한 종류를 분류하고 살펴볼 것이다. 그 뒤에 성경적인 원칙들을 기준으로 그리스도인에게 적합한 투자 형태들의 옥석을 가려내는 과정을 진행해 볼 것이다. 투자자들의 성공담을 들어 보면, 그리스도인이 아니면서도 하나님의 일반 섭리 아래에서 지혜롭고 성실한 투자를 통해 꾸준하고 안정적인 수익을 내는 사람들이 있다. 이들의 투자 방식을 보면 성경적인 원칙과 흡사한 부분이 많다. 이러한 투자자들의 공통점은 탐욕에 의해 쫓기는 마음이 아니라 비교적 평안한 마음으로 시장을 대할 줄 안다는 것이다. 이들 역시 필자가 제시하려는 성경적 투자의 모델과 흡사한 투자를 하고 있다는 사실이 흥미로웠다.

1. 주식투자 때문에 고민하거나 마음이 힘든 적이 있었나요? 있었다면 어떤 경우였나요?

_____

_____

2. 성경의 가르침이 주식투자에도 실제적인 도움이 될 수 있다고 기대하나요? 그렇게 기대할 수 있는 이유는 무엇일까요?

_____

_____

3. 현재 자산관리를 어떻게 하고 있으며, 어떤 경로들을 통해 코칭을 받고 있나요?

_____

_____

4. 경제는 인간의 삶에서 실제적으로 매우 큰 비중을 차지하고 있습니다. 그럼에도 교회가 경제 분야에 대해 다루기를 힘들어하는 이유는 무엇이며, 또 그럴 경우 어떤 영향들이 나타날까요?

_____

_____

5. 성경은 성실한 부의 축적과 지혜로운 사용에 대해 가르칩니다. 성경이 가르치는 성실한 부의 축적은 어떤 형태를 말한다고 생각하나요?

_____

_____

Chapter 2

주식시장의 참여자:
주식회사와 주주들

___ 주식회사의 개념

주식시장에서 거래가 되는 회사들은 주주들로 구성되어 있고, 각각의 주주들은 자신들이 소유한 주식의 수만큼 그 회사의 지분을 소유하고 있는 구분 소유주들이다. 주주들이 회사의 주인들인 것이다. 물론 실제적인 지배력을 행사하는 기업 총수나 대표가 있지만, 엄밀하게 따지자면 이들도 주주다. 단지 대량의 주식을 소유한 대주주일 뿐이다. 주식회사의 순기능은 한 사람이 동원할 수 없는 대자본을 주주들의 공동 투자를 통해 모아서 대규모 회사를 차릴 수 있다는 점이다. 현재 우리나라 주식시장에는 수천 개에 달하는 주식회사들의 주식이 거래되고 있다. 이러한 주식의 거래는 소유주, 즉 주주와 그들의 지분이 매일 수시로 변동되고 있음을 의미한다. 주식투자를 한다면 자신이 투자한 기업의 공동 소유주가 된다는 마음을 가져야 한다.

이러한 주주로서의 마음가짐은 기업을 고를 때 단기간 수익만 노리고 빠지려는 얄팍한 마음이 아니라 일정 기간 동업한다는 동반자적인 마음을 갖도록 만든다. 기업과 동반자적인 마음을 가지는 것이 중요한 이유는 이러한 마음으로 투자할 때 정상적으로 시장과 기업을 바라볼 수 있게 되고 상식에 입각한 투자를 할 확률이 높아지기 때문이다.

___ 주식회사의 탄생

주식회사는 크게 두 종류로 나눌 수 있다. 상장 기업과 비상장 기업이다. 상장 기업이란 그 회사의 주식이 주식시장에서 정상적으로 거래되는 회사들을 말한다. 반대로 비상장 기업이란 아직 주식시장에 데뷔를 하지 못한 회사들을 말한다. 이러한 비상장 기업들 중 일부 회사의 주식은 주식시장이 아닌 시장 밖의 장외시장에서 거래가 이루어진다. 많은 경우 주식시장에 정식으로 상장되기 전에 장외시장에서 일정 기간 거래되기도 한다. 한 회사가 정식으로 상장 자격을 갖추고 주식시장 안으로 들어오는 과정을 "IPO"(Initial Public Offering), 즉 "기업공개"라고 한다. IPO란 일반 대중에게 기업이 발행한 주식을 공개한다는 뜻이다. "공모주"라는 이름으로 상장등록 요건을 갖춘 기업의 주식이 주식시장에서 일반인에게 거래되면서 그 기업은 정식으로 주식시장에 데뷔하는 것이다. 어떤 기업의 공모주는 투자 열기가 아주 뜨거운데, 상장 첫날의 변동성이 매우 크기 때문에 고수익을 노릴 수는 있지만, 인기가 많은 기업일수록 청약금 대비 실제로 받을 수 있는 주식의 수량이 매우 적기 때문에 공모주 투자를 통해 큰 수익을 기대하기란 어렵다. 하지만 기업의 가치가 좋고 공모가격이 매력적인 경우에는 공모주 투자도 잘 선별하면 수익을 내는 데 도움이 된다.

___ 기업의 자본조달

인간의 몸에도 지속적인 영양공급이 필요하고 돌발적으로 수혈이 필요한 상황이 발생하듯, 기업도 지속적인 유동성의 공급이 필요하고 때로는 긴급한 자금의 수혈이 필요하다. 한 기업이 사업을 하다 보면 최초의 발행 주식으로 조달한 투자금보다 많은 돈이 필요한 상황이 발생할 수 있다. 활황으로 인한 설비증설 때문에 투자금을 늘리는 경우에는 기업 가치에 긍정적인 경우일 수 있지만, 기업 경영의 손실을 충당하기 위한 자금 수혈은 부정적인 상황이다. 이처럼 기업 자금의 추가 확보는 그 이유에 따라 기업의 가치와 주가에 영향을 미치게 된다. 그렇다면 기업이 초기 상장으로 투자자들로부터 자본을 조달한 후 기업 활동에 따라 추가적으로 자본을 조달하는 방법에는 어떤 것들이 있을까? 여기에는 대표적으로 대출, 증자, 또는 회사채나 전환사채(CB)의 발행이 있다. 이러한 기업의 추가적인 자본 조달은 투자자가 유심히 살펴보아야 할 요소다. 이와 더불어 주가에 영향을 주는 리파이낸싱과 자사주 매입 그리고 자사주 소각에 대해서도 살펴보자.

1) 대출: 기업도 개인과 마찬가지로 금융기관에서 기업대출을 받을 수 있는데 대출을 일으킬 경우에는 담보를 제공하거나 기업의 매출이나 신용도를 기준으로 대출을 받기도 한다. 각각의 기업은 신용등급이 정해져 있는데 이 신용등급은 대출 금리에 어느 정도 영향을 준다. 이것은 마치 개인 신용등급이 정해져서 대출 금리에 영향을 미치는 것과 같은 이치다. 신용등급이 우수하면 대출 금리는 상대적으로 낮게 되고 반대로 신용등급이 낮다면 대출 금리는 높아지게 된다. 신용등급은 그 기업의 재무 상태나 판매와 이익 등을 기준으로 수시로 평가를 받게 된다. 대부분의 기업은 자기자본 이외에 부채를 가지고 있는데 그중 일부는 은행대출 형태의 부채다. 한 기업이 대출을 일으키면 주가도 그에 따라 민감하게 반응하는데, 그 대출의 용도가 사세 확장을 위한 건설적인 경우와 늘어난 채무상환을 위한 방어적인 경우에 따라 주가는 상승이나 하락으로 반응하게 된다.

성경에서 배우는 주식투자

2) 증자: 증자는 한 기업이 기존에 발행된 주식 이외에 추가적으로 주식을 발행하는 것이다. 증자에는 유상증자와 무상증자가 있는데, 유상증자는 기업이 돈이 필요할 때 신규로 주식을 더 발행해서 불특정 다수에게 파는 것이다. 대부분 시세보다 약간 낮은 값에 주식을 파는데, 주주에게 우선권을 주고 그 뒤에 일반청약을 진행하게 된다. 이에 반하여 무상증자는 주주가 가진 주식비율만큼 무상으로 주식을 늘려주는 경우로, 이 경우에는 이익잉여금의 자본전입이 이루어져야 한다. 무상증자는 대부분 주주의 자산에 긍정적인 영향을 미치지만, 유상증자의 경우에는 이야기가 다르다. 유상증자는, 기존 주주에게 이득이 되는 경우도 간혹 있지만, 악재로 작용하는 경우가 훨씬 많다. 유상증자가 기업의 설비증대를 위한 경우라도 주가에 부정적인 영향을 미칠 수 있기 때문에, 유상증자는 일단 경각심을 가지고 자세한 내막을 알아봐야 한다. 더구나 부채상환에 쓰일 용도의 유상증자는, 주주들 입장에서 좋아할 이유가 거의 없기 때문에, 주가에 부정적인 요인으로 작용하게 된다. 주주는 자신이 투자한 회사의 이러한 증자 움직임에 관심과 주의를 기울여야 한다.

3) 회사채: 회사채란 주식회사가 자금을 융통하기 위해 발행하는 채권을 말한다. 채권에 대해서는 차후에 자세히 다룰 것이므로 여기에서는 회사채의 기본적인 의미만 다루겠다. 회사채는 일정 기

간 동안 약정 이자를 정해 대출 투자자를 모집하는 일종의 "차용증"이라고 생각하면 이해가 쉬울 것이다. 회사채는 1년 혹은 3년 등의 명시된 기간이 있으며 그 기간 동안 연 단위로 지급이자율이 정해지는데, 이 이자율을 결정하는 주요 요소는 발행 당시의 시장 기준금리와 회사의 신용등급이다. 신용등급이 높을수록 회사채의 발행금리는 상대적으로 낮아지고 신용등급이 낮을수록 발행금리는 상대적으로 높아진다. 신용등급이 아주 낮은 한계 상황의 기업이 발행하는 고이율의 회사채를 "정크 본드"(Junk Bond)라고 부르는데, 말 그대로 쓰레기 수준의 회사채를 말한다. 다른 대출 통로와 마찬가지로 회사채를 발행하는 경우에도 그 발행 이유와 발행 규모 그리고 이율 등이 기업의 주가에 영향을 미치게 된다.

4) 전환사채(CB, Convertible Bond): 전환사채란 사채권자에게 전환 조건에 따라 주식으로 전환할 수 있는 권리가 부여된 사채다. 전환권 행사 이전에는 일반 채권처럼 채권 확정이자를 받다가 전환 후에는 배당을 받을 수 있는 주식으로 전환되는 채권으로, "주식연계채권"이라고도 한다. 전환사채는 발행자인 회사의 재무구조가 불리할수록 채권자에게 더 유리한 조건으로 발행된다. 따라서 전환사채의 발행은 대부분의 경우 기업의 신용도와 주가에 부정적인 영향을 끼친다.

5) 리파이낸싱(Refinancing): 부채가 없는 기업은 거의 없다. 대부분의 기업은 앞서 언급한 각종 형태의 채무와 자기자본을 바탕으로 이루어져 있는데, 기존 채무들의 만기가 도래할 때 기존의 부채를 다른 형태나 조건의 부채로 연장하는 것을 "리파이낸싱"이라고 한다. 금리 인상기에 리파이낸싱 기간이 도래하면 회사에 불리하고, 반대로 금리 인하기에 리파이낸싱 기간이 도래하면 회사에는 유리하다. 특히나 리츠 상품처럼 금리에 민감한 주식에 투자할 경우에는 그 기업의 채무 규모와 종류를 확인해야 함은 물론이고 채무의 상환시점에 따른 리파이낸싱의 예정 규모와 예상 금리도 들여다봐야 한다.

6) 자사주 매입: 기업이 자기 자금으로 자기 회사 주식을 사들이는 것을 말한다. 다른 말로 자사주 취득이라고도 한다. 기업이 영업활동을 통해 발생한 잉여이익금을 가지고 주가 방어나 부양을 위해 자사주를 매입할 경우에는 주가에 긍정적인 영향을 끼친다.

7) 자사주 소각: 기업이 기존에 보유하고 있는 자사주나 추가로 매입한 자사주를 없애 버리는 것이다. 이럴 경우 유통 주식수, 즉 배당 대상 주식수가 줄어드는 결과를 가져오기 때문에 주가에는 긍정적으로 작용하게 된다.

___ 주식회사의 퇴출

하나의 기업이 IPO(기업공개)를 통해 주식시장에 상장되어서 공개적으로 주식이 거래되다가 상장 기준을 어기거나 벗어나는 상태가 발생하면 그 기업은 시장에서 퇴출되는데, 이것을 상장폐지라고 한다. 상장폐지가 되는 경우는 자본잠식 수준의 적자 지속, 사주의 횡령, 거짓 공시, 조직적 주가 조작 등 경제적 사유와 형법적 사유에 의한 것들이 대부분이다. 증권거래위원회가 해당 기업의 주식이 증권거래소에서 매매대상 유가증권으로서의 적격성을 상실했다고 판단하면, 거래 정지와 정리 매매 기간을 거쳐 상장폐지의 수순을 밟게 된다. 간혹 상장 회사가 자발적인 이유로 상장폐지를 신청하는 경우도 있는데, 이처럼 특수한 경우를 제외하고 상장폐지는 극도로 좋지 않은 결과이므로, 상장폐지까지 갈 확률이 조금이라도 있는 기업에는 처음부터 투자를 하지 않는 것이 상책이다. 기업의 재무제표 분석도 중요하지만, 사주의 도덕성도 그 기업의 안정성을 판단하는 중요한 기준이 되어야 한다.

___ 대한민국 주식시장의 구성

대한민국의 주식시장도 미국의 모델을 본떠 코스피(KOSPI)와 코스닥
(KOSDAQ)으로 나뉘어 있다. 코스피는 "한국종합주가지수"라고도 부르
는데, 여기에는 한국의 대표기업이나 전통기업들 그리고 비교적 규
모가 큰 기업들이 포함되어 있다. 코스피지수는 1980년 1월 4일의
지수를 100으로 기준하여 산정하고 있다. 코스닥 시장에는 코스피
상장 자격을 갖추지 못한 중소기업이나 벤처기업들이 주로 포진되어
있으며, 1996년 7월 1일 시가 총액 1,000포인트를 기준으로 두고 현
재의 주가를 산정한다. 이 외에도 코스닥 상장 기업보다 규모가 작은
중소기업과 벤처기업으로 이루어진 코넥스(KONEX) 시장이 있지만, 투
자접근이 빈번하게 이루어지지 않는 시장이라 현 시점에서 크게 다
룰 필요는 없다. 미국의 우량 대기업 500개를 "S&P 500"으로 묶어
따로 지수를 산정하듯이, 대한민국에는 대표기업 200개를 묶어 놓
은 "KOSPI 200" 지수가 있다.

___ 주식시장의 참여자들

대한민국 주식시장의 투자자들은 크게 세 부류로 나눌 수 있다. 기

관 투자자들, 외국인 투자자들 그리고 개인 투자자들이다. 기관 투자자에는 국내의 여러 금융기관과 국민연금 등이 있고, 외국인 투자자들은 국외의 여러 금융기관, 해외의 국부 펀드들 그리고 외국인 개인 투자자들이 있다. 우리나라 주식시장에서는 외국인과 기관의 움직임이 시장의 방향성을 좌우할 때가 많다. 따라서 개인 투자자들의 평균 수익률은 외국인이나 기관의 평균 수익률을 대부분 하회한다. 여기에는 공매도 제도도 한 몫을 하고 있다.

1. 주식회사와 주주제도가 지금의 자본주의 체제의 구성과 발전에 어떤 기여를 했다고 생각하나요?

---

2. 기업이 주식시장에 상장될 때 공모주 청약을 통해 일반주주를 모집합니다. 공모주 청약을 해본 경험이 있나요? 있다면 그러한 경험들을 통해 공모주 청약을 할 때 고려해야 할 어떤 점들을 배웠나요?

---

3. 기업의 증자나 회사채 발행 등의 자본 조달은 기업 가치와 주가에 어떻게 영향을 미칠까요? 긍정적인 경우들과 부정적인 경우들을 생각해 봅시다.

---

4. 자사주 매입과 자사주 소각 등의 주주친화적 정책을 펴는 기업들의 예를 찾아봅시다.

---

5. 대한민국의 주식시장에서 개인 투자자들이 공매도 제도를 싫어하는 이유는 무엇일까요?

Chapter 3

주식시장의 거시적 흐름

예수께서 그들에게 비유를 하나 말씀하셨다. "무화과나무와 모든 나무를 보아라. 잎이 돋으면, 너희는 스스로 보고서, 여름이 벌써 가까이 온 줄을 안다." (누가복음 21장 29~30절, 새번역)

요즘 개인 투자자들은 즉각적으로 투자 종목을 결정할 정보를 원하는 경향이 강하다. 주식투자에 관한 이야기의 대부분은 종목 선정이나 수익률에 관한 것들이다. 어느 회사의 전망이 좋을지, 어느 종목의 기대 수익이 높을지에 주로 관심을 가진다. 하지만 앞에서도 말했듯이 주식투자를 제대로 하려면 먼저 시장 움직임의 원리를 알아야 한다. 또한 주식시장의 변화 패턴과 사이클에 대해서도 이해할 수 있어야 한다. 자연에 계절의 변화가 있듯이 주식시장에도 사이클의 변화가 있다. 이 흐름을 이해할 수 있는 지식과 움직임의 방향을 볼 줄 아는 눈이 있어야 한다. 예수님의 무화과나무와 그 잎에 관한 비유는 계절의 변화에 앞선 징조들에 관한 비유며, 이 비유의 가르침은 징조들을 보고 어떤 변화가 오고 있음을 감지하라는 것이다. 무화과나무 잎의 변화로 여름이 다가옴을 알 수 있다는 것이다. 이와 같이 주식시장의 커다란 변화도 그 변화가 오기 전에 어떤 징조들이 있으며, 이러한 변화에는 마치 계절의 변화처럼 어떤 사이클이 정해져 있다. 이러한 거시적인 움직임을 아는 것이 중요한 이유는 주식시장과 경제의 흐름과 변화가 투자 결정에 아주 중요한 요소가 되기 때문이다. 주식투자를 할 때 반드시 기억해야 할 원칙 중 두 가지를 소개하자면, 첫째는 "주가지수를 이기는 종목은 많이 없다"이고 둘째는 "쌀 때 사야 한다"이다. 일반적인 변동성의 시기에는 주가지수를 이기는 종목이 있지만, 큰 폭의 주가지수 하락을 이길 수 있는 종목은 거의 없다. 특히나 경기침체로 인한 금융 위기 상황에서는 거의 모든 주식이 큰 폭으로 하락한다. 그리고 투자는 기본적으로 배당수익과 시세 차익을 통해 얻어지기 때문에, 주식은 쌀 때 사야 배당률도 높아지고 시세 차익도 얻을 수 있다. 그렇다면 지수가 어떨 때 떨어지는지를 알아야 하는데, 이것을 정확하게 맞추기란 쉬운 일이 아니다. 그럼에도 경기 흐름의 사이클과 그에 따른 주식시장의 변화를 알아채고 또 어느 정도 예측할 수 있는 능력을 갖춘다면 투자에는 큰 도움이 될 수 있다. 이것은 개별 기업에 대한 투자에만 해당되는 것이 아니다. 주식시장의 커다란 변화와 흐름의 과정에서는 안정적으로 수익을 낼 수 있는 크고 작은 투자 기회들이 함께 찾아오는데, 이러한 기회들은 평소에 공부가 된 사람들의 눈에만 보인다. 따라서 시장의 변화와 흘러가는 사이클에 대한 공부는 현명한 투자를 원하는 사람에게 꼭 필요한 기본 상식이다.

___ 주식시장의 네 가지 거시적 흐름

주식시장에도 어떤 주기적 흐름이 있을까? 있다면, 그 흐름을 일으키는 원인은 무엇일까? 그 흐름을 미리 알려 주는 징조 같은 것은 무엇일까? 투자자들은 어떤 기업에 대한 투자를 결정할 때 그 기업의 실적이나 대중의 소비 패턴 변화 등을 살펴보려고 한다. 하지만 겉으로 드러나는 기업 실적과 관련된 지표들을 살펴보는 일보다 중요한 것은 주식시장에서 근본적인 게임체인저 역할을 하는 시장의 큰 변화 흐름을 읽어 내는 일이다. 주식시장에도 사계절의 변화처럼 일정한 변화의 흐름과 패턴이 있다. 물론 예외적인 상황도 오기는 한다. 예를 들면 코로나 같은 특수한 사건들이 주식시장을 크게 흔들 때가 있다. 2001년에 있었던 미국의 9.11 테러 사건은 누구도 예측할 수 없는 일이었고, 주식시장도 무방비 상태로 무너질 수밖에 없었다. 이처럼 주식시장의 흐름에 돌발적인 변수로 작용하는 사건들이 생기기도 한다. 하지만 경기침체나 금융 위기처럼 시장에 큰 충격을 주는 상황들이 예측의 범위 밖에만 존재한다고 볼 수는 없다. 금융 위기와 같은 충격적인 상황도 시장의 흐름 속에서는 예측의 범위 안에 들어 있기 때문이다. 확실히 일어날지 아닐지, 일어난다면 어떤 형태와 범위로 발생할지 자세히 모를 뿐, 대략적인 예측과 어느 정도의 대비는 가능하다. 지혜로운 투자자라면 이런 가능한 시나리오들까지 염두에 두고 투자 포트폴리오를 짜야 한다.

이렇게 예측이 가능한 이유는 주식시장 안에도 일정한 변화의 흐름과 주기가 있기 때문이다. 그 주기 속에 금융 위기가 찾아오는 시기가 있다. 주식시장의 흐름과 변화를 연구한 경제학자들은 일찍이 주식시장 안에도 일정한 흐름과 변화의 패턴이 있음을 발견했다. 그리고 이러한 시장의 흐름과 변화의 가장 직접적인 촉매제는 소비나 기업 실적이 아니라 유동성, 즉 돈의 공급과 깊은 관련이 있다는 사실을 밝혀냈다. 물론 소비나 그에 따른 기업실적도 주식시장에 영향을 끼치는 요인들임에는 분명하다. 하지만 보다 근본적인 원인은 유동성이다. 예를 들어 유동성이 증가하면, 즉 돈이 시장에 많이 풀리면 주식뿐 아니라 부동산도 올라간다. 반대로 시장에 유동성이 마르면 주식시장도 시들고 부동산도 하락한다. 기업의 실적은 소비에 좌우되고 대중의 소비는 대중이 가지고 있는 유동성에 좌우된다. 돈이 부족하면 소비가 줄어 기업실적도 줄어들고, 반대로 돈이 많이 풀리면 소비도 늘어 기업의 실적은 당연히 증가한다. 그러므로 유동성, 즉 돈의 흐름과 양이 경제와 주식시장의 거시적 흐름을 움직이는 가장 커다란 요인이다.

　이러한 유동성의 흐름이 만들어 내는 주식시장의 변화는 일반적으로 네 가지 단계적 모습으로 나타나는데, 그 단계들은 금융장세와 실적장세, 그리고 역금융장세와 역실적장세다. 이 네 가지 장세에 대해서는 각각 알아볼 것이다. 아무튼 이러한 장세의 흐름과 변화를 선도하는 유동성은 주로 금리에 의해 결정된다. 원칙적으로는 시장의 소비자 물가와 경제 성장률이 기준금리를 결정하는 가장 큰 요인으로 작용한다. 물론 예외적인 경우들도 있다. 어떤 이유로 경기가 급강하하거나 경기를 부양해야 할 갑작스러운 사태가 발생할 때는 예외적으로 금리를 급격히 낮춰서 시장에 유동성을 공급하기도 한다. 이러한 예기치 않은 양적완화, 즉 유동성 공급이 필요한 가장 최근의 상황이 코로나였다. 코로나가 발생했을 때 각국의 정부는 급격히 얼어붙어 가는 경기에 온기를 불어넣기 위해 막대한 양의 유동성을 공급했고, 이를 위해 금리도 급격히 낮추었다. 하지만 일반적으로는 물가가 높아 인플레이션이 발생할 때 금리를 높이려고 하며 반대로 소비와 경기 부진으로 물가 상승률이 낮고 성장이 더딜 때 금리를 내려 경기를 살리려고 한다.

　이렇게 물가나 경제상황에 따라 유동성을 적절히 조절하는 역할을 하는 기관이 각국의 중앙은행이다. 예를 들어 미국의 연방준비제도(Federal Reserve System, 약칭 Fed)나 한국의 한국은행이 중앙은행의 역할을 하고 있다. 이 중앙은행의 금리정책과 국채운영을 통한 유동성

조절로 시장의 큰 흐름과 변화가 만들어진다. 물론 이 말은 단순한 설명이다. 다른 변수들도 존재하지만 원칙적으로는 그렇다는 뜻이다. 최근에는 개인 투자자들도 미국의 Fed, 즉 연방준비제도의 움직임이 주가에 아주 민감하게 영향을 미친다는 사실을 학습으로 체험하고 있다. 이러한 중앙은행의 금융정책에 의한 주식시장의 거시적 흐름과 변화를 알아야 지혜로운 투자를 할 수 있다. 아무리 좋은 기업의 주식이라도 거시적 흐름에 역행하는 투자는 쌀 때가 아니라 비쌀 때 주식을 사게 되기에 현명한 투자일 수 없다. 개별 기업의 분석도 중요하지만, 시장의 거시적 흐름을 읽는 것이 더 중요할 때가 많다. 또한 시장의 변화를 가져오는 중앙은행의 금융정책은 투자 포트폴리오를 짜는 데도 매우 중요한 판단 기준이 된다. 중앙은행의 금융정책과 그에 따른 장세의 변화마다 유리한 투자 섹터와 불리한 투자 섹터들이 있기 때문에, 큰 흐름을 알고 개별 기업에 접근하는 투자를 해야 실수와 실패를 줄이고 수익을 얻을 확률을 높일 수 있다. 그렇다면 각각의 장세가 어떻게 만들어지고 또 다음 장세로 넘어가는 계기는 무엇인지 살펴보자.

___ 금융장세

사람들은 당연히 풍요로운 삶을 원한다. 소비자는 소비할 돈이 많은 풍요로운 삶을 누리기 원하고 기업은 판매와 이익이 증가하기를 원한다. 주식시장의 투자자들 또한 자신의 투자로 많은 수익이 발생하기를 원한다. 그 누구도 경제적 풍요를 싫어하지 않는다. 정치인들도, 경제가 풍요해야 국민의 지지를 많이 받을 수 있기 때문에, 풍요한 가계와 잘 돌아가는 기업들 그리고 계속 우상향하는 주식시장 분위기를 조성하고 싶어 한다. 그런데 경제에 활기가 돌고 주식시장이 우상향하려면 유동성이 시장에 풍부하게 공급되어야 한다. 이를 위해 중앙은행은 금리를 인하하고 국채를 사들이면서 시장에 유동성을 공급한다. 유동성이 풍부해지면 자연스럽게 소비와 투자가 활성화되고 주식시장과 부동산 시장에 투자 자금이 들어옴으로써 시장은 상승기를 맞이한다. 저금리 시장 환경이 되면 사람들은 돈을 쉽게 빌려 소비도 하고 투자도 한다. 기업들도 낮은 금리로 자금을 융통해 호황으로 높아진 수요에 발맞추어 설비와 생산을 늘리기도 한다. 이렇게 기업 활동이 잘 되면 실업률은 낮아지고 임금이 올라가 소비를 촉진시키고, 이것이 다시 기업 활동에 활력을 불어넣어 경제의 선순환이 일어난다. 기업 실적을 바탕으로 주가가 오르기 때문에 소비자와 생산 기업 그리고 투자자 모두 행복한 상황이 만들어진다. 이처럼 중앙은행의 저금리 정책과 유동성 공급으로 주식시장은 금융에 의한 상승장이 만들어지며, 이 상승장은 경기 활황에 따른 기업 실적의 호전으로 다시 한 번 상승을 이어 간다. 따라서 유동성 공급에 의해 상승 모드가 된 금융장세는 기업 실적에 의해 업그레이드된 실적장세로 시장에 상승장의 바통을 넘겨준다.

___ 실적장세

풍부한 유동성을 바탕으로 소비가 증가하면 기업은 더 많은 제품을 생산하고 또 가격 인상에도 나설 수 있기 때문에 기업 실적이 호전되어 호황기를 맞는다. 이 때 유동성의 공급으로 상승한 주식시장은 기업 실적의 호전으로 그 상승세가 한 단계 더 도약하게 된다. 예를 들어 코로나 상황 중에 공급된 엄청난 유동성은 처음에 기업 실적과 무관하게 주식시장을 호황으로 만들었다. 공포에 질려 끝을 모르고 추락만 하던 주식시장은 중앙은행이 급격히 금리를 인하하고 유동성을 공급하자 소비나 실적과 무관하게 상승으로 방향을 틀었다. 이 유동성에 의한 시장의 호황은 촉진된 소비와 생산에 의해 살아난 기업 실적의 바람을 타고 활활 타올랐다. 시장에 공급된 유동성과 이어진 소비와 기업 실적의 증가는 주식시장에 2차 호황기를 가져와 우리나라의 경우 2021년에 주식시장이 역사상 최고점을 찍었다. 그해 중반 코스피는 3,316포인트라는 경이적인 고점을 만들었다. 그러나 풍부해진 유동성과 그에 따른 기업 실적의 증가가 경제에 항상 좋은 영향만 끼치는 것은 아니다. 풍부한 유동성과 기업 실적의 상승은 필연적으로 경제의 치명적 복병인 물가상승(인플레이션)을 만들어 낸다. 시장은 모든 사람이 마냥 행복한 파티를 계속하도록 두지 않는다. 미국이나 한국과 같은 나라들이 이상적으로 생각하는 물가의 상승 폭은 연 2프로다. 물가가 매년 평균 2프로 올라가는 상황이 경제의 활력을 유지하면서 소비와 기업 활동에도 이상적인 상황을 유지하는 적정선으로 여겨진다. 2프로의 물가상승률은 3프로 정도의 임금상승률만으로도 소비 주체들이 경제가 나아진다고 느낄 수 있는 수준이다. 하지만 좋아진 경기가 과열되기 시작하면서 물가는 통제 범위 수준을 이탈하고 상승하기 시작하는데, 이렇게 소비자 물가지수가 지나치게 높아지면 경제에는 커다란 위험이 된다. 극단적으로 아르헨티나 같은 나라는 치솟는 인플레이션으로 경제가 마비되고 심지어 돈을 벽지로 바르는 상황에까지 내몰렸었다. 우리나라를 비롯한 글로벌 경제에도 코로나를 거치며 공급한 지나치게 풍부한 유동성은 주식시장의 활황을 만들어 주었지만, 물가에는 치명적인 결과를 초래했다. 풍부한 유동성이 인플레이션을 만든 것이다. 미국의 경우 9프로가 넘는 어마어마한 인플레이션이 발생했고 급기야 미국의 연준(Fed)은 유동성 공급을 줄이기 위해 금리를 급격히 인상하는 양적긴축정책(QT: Quantitative Tightening)으로 선회했다. 한 번에 25bp(Basis Point, 0.25%)의 인상만으로는 부족해 50bp의 빅 스텝으로 금리를 올렸고, 나중에는 75bp의 자이언트 스텝까지 밟았을 정도다. 이러한 금리인상 정책은 필연적으로 주식시장의 다음 사이클인 역금융장세를 만들어 낸다.

___ 역금융장세

역금융장세란 말 그대로 금융장세의 반대상황을 말한다. 정부는 인플레이션을 잡고 또 경기과열을 식히기 위해 시장의 유동성을 줄여야 한다. 그러려면 고금리 정책을 취해야 한다. 또한 중앙은행은 국채매도를 통해 시장에 풀린 유동성의 양을 줄여야 한다. 이렇게 고금리 정책으로 방향을 틀면 주식시장에 머물던 유동성이 고금리를 좇아서 은행으로 흘러가거나 채권매입으로 이탈하게 되며, 그동안 풍부한 유동성과 기업 실적을 바탕으로 상승해 오던 주식시장은 하락하게 된다. 소위 인플레이션을 잡기 위한 고육책으로 금리를 올려 시장의 유동성을 빨아들임으로써 경제적 긴축정책에 돌입하는 상황이 역금융장세다. 이러한 역금융장세에서 높아진 금리는 가계로 하여금 소비나 투자보다 저축이나 대출상환에 치중하도록 만든다. 당연히 주식이나 부동산에 투자할 여력은 줄어들 수밖에 없다. 따라서 주식시장은 하락기를 맞게 된다. 2021년 중반에 역사적 고점을 찍었던 우리나라의 종합주가 지수가 하락하는 변곡점도 이 시기에 발생했다. 사실 주식시장은 때로 기업 실적과 무관하게 시중의 유동성에 의해 밀려 올라가거나 떨어지기도 한다. 그만큼 유동성, 즉 돈의 양과 흐름이 시장 분위기의 조성에 결정적인 역할을 한다는 의미다. 또한 금리는 금리 자체만으로 머물지 않는다. 저금리는 소비와 생산을 촉진시키고 실업률을 낮추는 촉매제 역할을 하고, 고금리는 소비와 생산을 위축시키고 실업률이 높아지도록 만든다. 바로 이러한 현상 때문에 주식시장의 흐름과 변화를 만드는 가장 커다란 요인으로 금리 정책에 의한 유동성의 변화를 꼽는 것이다. 인플레이션을 낮추기 위한 고육책의 고금리 정책은 부득이하게 소비와 생산 부진 그리고 실업률 증가와 투자 위축으로 인한 시장의 하락을 초래하게 된다. 마치 암을 치료하기 위한 항암치료가 암세포만 죽이는 것이 아니라 주변의 멀쩡한 세포나 장기들까지 손상시키는 현상과 비슷한 일이 인플레이션을 잡는 과정에서도 발생한다. 인플레이션이라는 암을 고치려는 고금리와 유동성 축소 처방이 어쩔 수 없는 부작용을 낳는 것이다. 이런 상황에서 기업의 활동과 실적에는 불가피하게 타격이 발생한다. 필수 소비재는 상대적으로 타격을 덜 받지만 건설과 같은 산업은 금리가 올라가고 유동성이 축소되는 시기에 큰 타격을 피하기 어렵다. 유동성 축소로 역금융장세를 맞이한 주식시장은 기업 실적의 하락을 가져와 시장에는 다음 사이클인 역실적장세가 찾아온다.

___ 역실적장세

역금융 정책에 의해 가라앉은 소비와 투자는 기업의 실적 감소로 연결되고 주식시장에는 역금융에 의한 하락 이후 또 다른 하락 사이클이 만들어진다. 인플레이션을 잡기 위한 금리 인상의 파장과 축소된 유동성으로 경기가 하강하게 되는데, 이 때 소비와 생산이 축소됨은 물론 실업률도 덩달아 높아진다. 당연히 주식시장에도 추가적인 하락 압력이 생긴다. 이 때 중앙은행과 투자자들이 촉각을 세우는 부분이 있는데, 그것은 바로 경기의 하강이 어떤 형태로 어디까지 진행될 것인가 하는 문제다. 중앙은행은 주된 목표인 인플레이션을 이상적인 2퍼센트로 낮추려고 정책을 펴는 동시에 경기가 너무 타격을 입지 않도록 신중한 노력을 기울인다. 이는 항암치료를 하는 의사가 주변의 건강한 세포나 장기들의 손상을 최소화하기 위해 노력을 기울이는 것과 마찬가지 이치다. 인플레이션을 낮추기 위한 고금리와 유동성 축소 정책이 어쩔 수 없이 경기를 부러뜨릴 때 경기 하강의 정도가 시장이 감당할 만한 수준이면 "소프트 랜딩"(Soft Landing, 연착륙)이 되겠지만, 경기 침체까지 가는 상황이 된다면 "하드 랜딩"(Hard Landing, 경착륙)을 맞을 수밖에 없다. 경기 침체가 심한 경우에는 금융 붕괴와 같은 걷잡을 수 없는 상황이 전개되기도 한다. 2008년의 서브 프라임 사태와 같은 금융 위기도 고금리 정책에 의한 역금융장세와 그로 인한 역실적장세의 급물살 과정에서 급격한 금융 시스템의

붕괴가 발생한 경우였다. 금융 위기로 인해 주식시장이 붕괴할 때, 심한 경우 주가가 50프로 이상 폭락하기도 한다. 이러한 폭락 상황이 오면, 시장은 초기에는 폭락 상황에 접어들지만 시간이 지나면서 차츰 제자리를 회복하게 된다. 시장은 언제든 다시 살아난다는 속성을 이해할 때 투자자는 시간을 견딜 희망을 가질 수 있다. 이러한 시장의 반등은 때로는 그 속도가 급격한 "V"자형 반등으로 나타나며, 어떤 경우에는 완만한 "U"자형 반등을 보인다. 하지만 시장의 반등이 더딜 경우에는 "L"자형 장기 침체가 올 수도 있다. 하지만 결국 시장은 혹한기를 벗어나 다시 봄을 맞게 되는데, 그 변화의 도화선 또한 금리 인하와 돈의 움직임에 의해 일어나게 된다. 봄이 오기 전이 가장 춥듯이, 혹한기를 지나면서 시장은 다시 상승의 기지개를 켠다. 무너진 경제를 살리기 위해 중앙은행은 다시 저금리와 유동성 완화 정책을 취하며 이러한 움직임은 시장에 금융장세라는 시장의 회복과 상승기를 몰고 온다. 역실적장세는 금융장세에 시장의 바통을 넘겨주고 시장은 다시 호황의 사이클을 맞이한다.

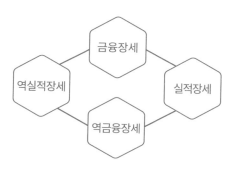

지금까지 주식시장의 네 가지 거시적 흐름을 살펴보았다. 시장이 항상 이 사이클에 따라 움직이는 것은 아니다. 예외 없는 법칙이 아니라는 말이다. 하지만 이 틀은 아주 중요한 기본이며 많은 경우 시장의 흐름은 이 틀 안에서 이루어진다. 이런 경기 사이클에 대한 이해가 중요한 이유는 시장의 거시적 흐름을 알아야 지혜로운 투자와 선택을 할 수 있기 때문이다. 예를 들어, 금리 상승기에는 금융주와 보험주가 빛을 발하지만 금리 하락기에는 채권이나 리츠 관련주들이 좋은 수익을 안겨줄 수 있다. 금융 위기 상황이 오면 달러의 가치가 치솟고, 위기가 가라앉는 시기에는 달러의 가치도 원래의 자리를 찾아간다. 또한 달러가 강세일 때는 수출기업의 실적이 좋아진다. 이러한 시장의 큰 흐름과 변화를 읽을 줄 알아야 투자를 지혜롭게 할 수 있다. 투자를 저돌적으로 해야 할 때는 과감하게 투자에 나서야 하지만, 반대로 시장에 폭풍이 불 때는 현금 상태로 투자금을 보관하고 기다릴 줄도 알아야 한다. 어느 투자가의 말 중에 "투자를 쉬는 것도 투자다"라는 명언이 있는데, 정말 의미심장한 말이다. 모든 투자는 시기를 잘 타야 한다. 성경은 열심히 하는 것보다 중요한 것이 때와 운이라고 말한다. 운의 영역은 우리가 좌우할 수 없지만, 때와 시기는 지혜롭게 판단할 줄 알아야 한다. 지혜의 책 중 하나인 전도서는 모든 것에 때가 있음을 가르친다.

모든 일에는 다 때가 있다. 세상에서 일어나는 일마다 알맞은 때가 있다. 태어날 때가 있고, 죽을 때가 있다. 심을 때가 있고, 뽑을 때가 있다. 죽일 때가 있고 살릴 때가 있다. 허물 때가 있고, 세울 때가 있다. (전도서 3장 1~3절, 새번역)

주식투자도 이러한 때와 시기의 법칙에서 벗어나지 않는다. 투자를 할 때가 있고 투자를 멈춰야 할 때가 있으며, 적절한 매수의 때가 있고 또 매도의 때가 있는 법이다. 이 때를 잘 맞추는 것을 그저 주사위를 던지는 일처럼 기분이나 즉흥적 판단에 맡겨서는 안 된다. 지혜로운 투자자는 투자의 적절한 때를 거시적 시장의 움직임과 각 섹터와 종목의 움직임을 보고 찾아내서 투자의 좋은 기회들을 만들 수 있는 능력을 길러야 한다.

1. 주식시장의 네 가지 거시적 흐름에 대해 설명해 봅시다.

　　_____

　　_____

2. 주식시장의 네 가지 흐름에 대한 이해가 주식투자에 어떻게 도움이 될 수 있을까요?

　　_____

　　_____

3. 주식시장의 네 가지 흐름에 비추어볼 때 현재의 시장은 어떤 단계라고 생각하나요?

　　_____

　　_____

4. 역금융장세에서 역실적장세로 넘어가는 과정에서 주로 경기 침체나 금융 위기 같은 일들이 발생합니다. 이 시기에 시장에는 약한 침체로 시장의 반등을 예상하는 강세론자들과 강한 침체나 금융 위기로 시장의 폭락을 점치는 약세론자들이 등장합니다. 이런 상황에서 투자자는 어떤 전략이나 투자 포트폴리오로 미래의 불확실성에 대처할 수 있을까요?

　　_____

　　_____

5. 주식시장에는 "공포에 사라"는 격언이 있습니다. 이 말은 시장의 흐름에서 어떤 경우에 해당할까요?

　　_____

　　_____

Chapter 4

기업분석은 어떻게 하는가?

요즘은 개인 투자자들 중에도 공부하면서 투자에 임하는 사람이 점점 늘어나고 있다. 경제뉴스와 각종 SNS 채널을 통해 궁금한 부분을 찾아서 배울 수 있는 소위 정보의 접근성이 많이 높아진 시대다. 그런데 아직도 많은 개인 투자자들은 기업분석이라는 가장 기본적인 과정을 생략한 채 무턱대고 자신이 투자할 기업을 선정하려는 모습을 보일 때가 있다. 자신의 소중한 자산을 맡길 대상에 대한 충분한 검토 없이 투자한다는 것은 잘 알아보지도 않고 직장이나 배우자를 선택하는 일과 다를 바 없다. 정상적인 경우라면 자신이 몸담고 일할 직장에 대해 면밀히 검토하고 알아본 뒤 지원하거나 입사를 결정할 것이다. 물론 원하는 직장에 들어가기가 힘들어서 합격만 시켜준다면 좋겠다 싶은 경우가 많겠지만, 주식시장의 경우에는 전혀 그렇지 않다. 주식시장에서는 투자자가 얼마든 갑이 될 수 있다. 수많은 기업들이 투자자의 선택을 기다리는 곳이 바로 주식시장이다. 투자자가 원하는 대로 얼마든지 이 기업이나 저 기업을 선택할 수 있다는 사실은 얼마나 신나는 일인가? 하지만 무턱대고 기분에 따라, 주변의 권유나 낚시성 소문이나 뉴스에 의해 쉽게 해서는 안 되는 일이 바로 투자다. 투자자가 자신이 하려는 투자의 선택에 신중해야 함은 두말할 필요도 없다. 왜냐하면 선택의 결과 또한 투자자가 감당할 일이기 때문이다. 예를 들어 당신을 채용하려는 기업이 열 개나 된다고 가정해 보자. 구직자에게는 이런 상황이 얼마나 행복한 고민일까? 주식시장도 같은 원리다. 기업이 투자자를 선택하지 않고 오로지 투자자가 기업을 선택하는 곳이 주식시장이다. 아무튼 당신을 원하는 기업들 중에서 하나를 골라야 한다면, 당신은 온갖 기준을 놓고 신중하게 결정할 것이다. 각 기업의 연봉, 일의 적성, 근무시간, 근무환경, 장래성, 사회적 이미지 등 고려하고 분석해야 할 일이 한두 가지가 아닐 것이다. 주식투자도 마찬가지다. 투자는 항상 정보 수집과 분석의 과정을 동반하는 작업이 되어야 한다. 이러한 과정 없이 투자하는 사람은 투자가 아니라 요행을 바라고 투기를 하는 것이다. 휴가비만 벌면 당장 그만둘 생각으로 직장을 구하는 구직자 같은 마음으로 투자를 하려는 것이다. 투자자로서 진정성이나 프로의식이 없으면 장기적으로는 실패할 수밖에 없다. 이런 유형의 투자자들의 공통된 특징은 공부는 하지 않고 소문이나 추천에 의존한 단기 투자로 짜릿한 수익을 노린다는 점이다. 이것은 투자자의 마음 자세로는 형편없는 수준이다. 정상적인 투자의 대상은 내가 신뢰할 수 있는 기업이어야 한다. 또한 적어도 수개월 내지 1년 이상 동행할 기업이어야 한다. 워런 버핏(Warren Buffett)도 자신의 투자 원칙을 소개할 때 어느 정도의 기간을 들고 가지 않을 기업의 주식이라면 매수 자체를 하지 말라고 했다. 지혜로운 투자자는 자신과 어느 정도 동행할 기업을 골라서 그 기업의 주주가 된다는 마음으로 투자를 하려는 사람이다. 그러려면 기업의 상태와 상황을 볼 줄 알아야 한다. 사람을 볼 줄 알아야 원만하고 지속적인 인간관계를 맺을 수 있듯이, 기업을 분석하고 볼 줄 아는 사람이 보람된 열매를 누리는 장기투자의 삶을 살 수 있다. 이 장에서는 기업 분석의 기본이 되는 용어와 개념들을 공부할 것이다.

___ 기업의 재무제표 분석을 위한 용어들

주식시장에 상장된 기업들은 기업 회계 양식에 입각해서 기업실적과 재무상태를 공개해야 한다. 매 분기별 매출과 영업이익 그리고 자본금과 부채의 변동 내역 등 기업의 기본 정보들을 공개해야 하며, 투자자는 이를 분석해서 투자의 기준으로 삼을 수 있다. 기업의 재무제표 분석을 통해 그 기업의 상태를 알려면 우선 기본적인 용어들의 개념을 알아야 한다.

1) **매출액**: 기업은 주로 분기별 매출액을 발표하며, 과거의 매출액을 바탕으로 그 기업의 분기별, 반기별, 또는 연간 매출액의 변동 추이를 알 수 있다. 최근 몇 년간 매출액의 변동 추이를 통해 투자자는 그 기업의 외형이 성장하는 기업인지 퇴보하는 기업인지, 아니면 그냥 현상 유지 수준인지를 판단할 수 있다.

2) **영업이익**: 기업의 매출 총액에서 판매비와 일반관리비를 뺀 값이다. 본업에서 생기는 이익으로, 회사의 수익능력을 나타낸다.

3) **당기순이익**: 영업이익에서 영업 외 손익을 반영하고 법인세를 뺀 값이다. 영업 외 손익에는 이자수익, 임대료수익, 유형자산 처분 손익 등의 항목이 있다.

4) **영업이익률**: 매출액 대비 영업이익의 비율을 말한다.

5) **순이익율**: 매출액 대비 당기순이익의 비율을 말한다.

6) **부채비율**: 부채(타인자본)를 자기자본으로 나눈 뒤 100을 곱하면 부채비율이 된다.

7) **시가 총액**: 해당 기업의 주가에 주식 수를 곱한 금액이다.

8) **EPS**(Earning Per Share, 주당 순이익): 기업의 순이익을 발행주식 수로 나누면 한 주당 순이익이 된다.

9) **PER**(Price Earning Ratio, 주가수익비율): 기업과 주식시장 분석에 가장 많이 쓰이는 기준이다. 주가수익비율이란 기업의 주가가 한 주당 순이익의 몇 배가 되는지를 나타내는 투자 지표다. 예를 들어 PER이 10이라면 현재의 주가가 순이익의 10배라는 뜻이다. PER이 동종 업계의 일반적인 기준보다 높으면 주식이 고평가되어 있다는 뜻이고 기준보다 낮으면 저평가되어 있다는 뜻이다. 참고로 미국 시장의 PER이 한국 시장의 PER보다 높은데, 그 이유는 시장 안정성, 국력과 경제 규모 그리고 지정학적 이유 등 투자자들이 미국 시장을 한국 시장보다 높게 평가하기 때문이다. 또한 산업 섹터별로 PER이 달라지는데, 가치주의 경우는 PER이 낮은 편인 반면에 기술주의 경우는 PER이 상대적으로 높은 편이다.

10) **BPS**(Book-value Per Share, 주당순자산가치): 기업이 지닌 순자산가치를 주식 수로 나눈 값이다. 회사를 청산했을 때 한 주당 돌려받을 수 있는 가치라는 의미에서 "청산가치"라고 부르기도 한다.

11) **PBR**(Price to Book Ratio, 주가순자산비율): 주가를 BPS(청산가치)로 나눈 값이다. 예를 들어 PBR이 1이면 주가가 회사의 청산가치(BPS)에 수

렴한다는 뜻이고, 1 이하면 주가가 회사의 청산가치보다 낮다는 뜻이며, 1 이상이면 주가가 회사의 청산가치보다 높다는 뜻이다. PBR은 기업이 한 주당 어느 정도의 자기자본을 가지고 있는지 보여 주는 지표다.

12) **ROE**(Return On Equity, 자기자본이익률): 기업이 자기자본(주주지분)을 이용하여 1년간 어느 정도 이익을 냈는지 나타내는 수익성 지표로, 경영효율성을 나타낸다. 당기순이익 값을 자본 값으로 나누어 구한다.

13) **배당수익률**: 기업의 연간 배당금을 주가로 나눈 값이다. 주가가 1만 원인데 배당이 6백 원이면 배당수익률은 6프로가 된다.

___ 뉴스 및 공시

투자자는 기업의 상태와 변화를 뉴스와 공시를 통해 확인할 수 있다. 시중에 나오는 뉴스들은 기업분석의 중요한 정보다. 공시는 기업이 시장에 공식적으로 공개하는 정보로, 투자, 수주, 증자, 배당, 주주총회 등 기업과 관련된 사항들을 공개적으로 알리기 때문에 투자자에게는 중요한 정보들이다.

___ 리서치

모든 기업은 아니지만 많은 기업에 대해 증권사 애널리스트들은 분석 리포트를 주기적으로 발표한다. 이것을 리서치라고 하는데, 주로 기업의 업황 변화와 예상 매출, 순이익 그리고 향후 전망 등을 조사하고 이를 근거로 목표주가를 설정하여 발표한다. 이것이 투자의 중요한 참고자료이긴 하지만, 발표하는 증권사 또한 투자자이기 때문에 자신들에게 유리하게 발표할 때도 있으므로 분석에 주의를 기울여야 한다.

___ IR(Investor Relations)

기업이 투자자 또는 이해관계자를 위해 경영상황과 재무상황 그리고 업적활동 등에 관한 정보를 제공하는 일을 말한다. 대부분의 기업이 IR 담당자를 두고 주주들의 질문에 응대하고 있으니, 자신의 투자 대상 기업에 관해 궁금한 부분을 전화나 이메일로 물어볼 수 있다.

___ 기업분석의 예

[KT&G]

2023년 12월 28일 기준(단위: 억 원 & 원, 비율: %, 배율: 배)

기간	2020. 12.	2021. 12.	2022. 12.	2023. 12.(예상)
매출액	50,553	52,284	58,514	58,644
영업이익	14,732	13,384	12,677	11,692
당기순이익	11,716	9,718	10,053	9,476
영업이익률	29.14	25.60	21.66	19.94
순이익률	23.18	18.59	17.18	16.14
ROE	13.22	10.74	11.00	9.99
부채비율	26.14	26.37	31.45	-
EPS	8,535	7,118	7,399	6,861
PER	9.74	11.10	12.37	12.67
BPS	72,831	76,336	80,114	83,570
PBR	1.14	1.03	1.14	1.04
주당배당금	4,800	4,88	5,000	5,183

(출처: 네이버 증권정보)

1) 2023년 예상 EPS는 6,861원이며 28일 종가는 86,900원이다.

2) 주가 86,900원을 EPS 6,861원으로 나누면 12.67이라는 PER이 구해진다.

3) 주가 86,900원을 BPS 83,570원으로 나누면 PBR은 1.04가 된다.

4) KT&G는 기업 안정성과 실적, 부채비율 그리고 배당률에서 볼 때 한국의 우량 기업 중 하나다.

5) 부채비율은 기업들의 평균 부채비율보다 현저히 낮다.

6) 매출은 우상향 추세다.

7) 영업이익률은 하향 추세나, 국내 기업들의 평균 영업이익률 (2022년 기준 5.3프로) 대비 상대적으로 꽤 높은 편이다.

8) 배당률도 높은 편이며, 주주친화적 배당정책을 펴고 있어 배당 금도 꾸준히 높아지는 추세다. 2020년 이전의 배당금과 비교 해 봐도 이런 추세를 확인할 수 있다.

9) 최근 수출도 호조세를 띠고 있어 앞으로도 꾸준히 탄탄한 실적 을 이어 갈 것으로 기대된다.

10) PER은 기업들의 평균선 근처에서 머물고 있어 기업실적과 배 당대비 건전한 편이다.

11) PBR은 적당하다.

[A 바이오 제약]

2023년 12월 28일 기준(단위: 억 원 & 원, 비율: %, 배율: 배)

기간	2020. 12.	2021. 12.	2022. 12.	2023. 12.(예상)
매출액	424	387	288	861
영업이익	-1	-152	-294	-43
당기순이익	-183	-116	-101	56
영업이익률	-0.14	-39.21	-101.97	-4.99
순이익률	-43.07	-29.91	-34.98	3.45
ROE	-24.11	-6.42	-5.75	9.99
부채비율	162.80	96.40	68.86	-
EPS	-314	-121	-156	100
PER	-318.26	-521.67	-245.30	985.00
BPS	1,203	2,586	2,839	2,962
PBR	83.07	24.42	13.47	33.25
주당배당금	-	-	-	-

(출처: 네이버 증권정보)

1) 2023년 예상 EPS는 100원이며 28일 종가는 98,500원이다.

2) 주가 98,500원을 EPS 100원으로 나누면 PER은 985가 된다. 상당히 높은 수준이다.

3) 주가 98,500원을 BPS 2,962원으로 나누면 PBR은 33.25가 된다. 즉 기업의 청산가치대비 주가는 33배가 넘는 수준이다.

4) 2023년 예상매출이 861억 원인 기업의 시가총액이 2023년 말 기준으로 5조 원이 넘는다. 실적과 시가총액 사이에 엄청난 괴리가 있다.

5) 이런 재무제표는 이 기업의 현재 주가가 정상적인 범위를 많이 벗어났음을 보여 준다. 매출과 겨우 적자를 벗어나고 있는 미미한 이익수준 대비 주가와 시가총액은 매우 높은 편이다.

6) 앞으로 업황의 개선이 예상된다 하더라도 여전히 매우 고평가된 상태다.

7) 일일 평균 거래량과 거래금액이 시가총액 대비 매우 높은 주식이다.

8) 이렇게 정상의 범위를 넘어선 여러 상황이 발생하는 것은 이 기업이 어떤 M&A 이슈나 독자적인 기술 보유 또는 개발 중인 획기적인 신제품이 있어서 나타나는 현상이라고 추측할 수 있다.

9) 최근 1년간 주가는 최저 31,950원에서 최고 99,000원 사이에서 움직였다. 주가의 등락폭이 크고 변동성도 매우 높은 편이다.

10) 투자자의 입장에서는 운이 좋으면 큰 수익을 볼 수도 있지만

급락 리스크도 매우 높은 주식이다.

이처럼 기업의 재무제표를 통해 우리는 한 기업의 실적과 이익률 그리고 부채비율과 PER, BPS, PBR 등을 알아볼 수 있다. 이러한 자료의 분석은 투자자가 투자를 실행하기 전에 반드시 거쳐야 하는 과정이다. 또한 해당 기업 관련 뉴스와 기업공시도 확인해야 한다. 더불어 연간 주가추이를 살펴보면 대충의 저점과 고점을 확인할 수 있다. 배당금에 따른 적정 주가는 시중금리와 관련성이 높다는 점도 간과하지 않아야 한다. 예를 들어 시중금리가 낮으면 기대 배당률도 낮아지므로 배당주의 주가는 올라가는 경향이 있고, 시중금리가 높으면 배당주의 주가는 내려갈 확률이 높다.

또한 시중에 유행하는 기업의 주식 같은 경우에는 소문과 추천에 의해 매수하지 말고 기업의 재무제표와 관련 이슈들을 꼭 체크해야 한다. 특히나 재무제표 분석에서 정상 범위를 많이 벗어난 경우는 고위험 주식임을 알아야 한다. 이러한 기업에 투자한다는 것은, 그 기업에 대한 아주 확실한 정보와 확신이 없다면, 투자가 아니라 투기로 전락할 가능성이 매우 높다. 따라서 지혜로운 투자의 대상으로 보기에는 매우 어렵다.

1. 주식시장에서는 투자자가 투자 대상 기업을 일방적으로 선정할 수 있어서 투자자가 갑의 위치에 있습니다. 이런 상황이 투자자 입장에서는 분명히 장점이지만 역으로 부담이 되기도 합니다. 어떤 부담들이 있을까요?

_____

_____

2. 주식투자를 할 때 해당 기업에 대한 재무제표 분석 과정을 거쳐야 하는 이유와 중요성은 무엇인가요?

_____

_____

3. 투자 대상 기업에 대한 공부와 분석 과정 없이 투자를 감행하는 개인 투자자들이 의외로 많습니다. 이런 투자자들은 투자 결정을 할 때 주로 어떤 경로를 통해 하며 또 어떤 리스크가 있을까요?

_____

_____

4. 교육 기업 중 "크레버스"의 기업 분석을 해봅시다. 이 기업의 투자 매력은 무엇이며 또 리스크는 무엇이라고 생각하나요?

_____

_____

5. PER과 PBR이 상대적으로 매우 높은 기업군들은 어떤 종류의 기업들일까요?

_____

_____

Chapter 5

주식 투자자가 알아야 할
다양한 투자 상품

일반적으로 주식투자는 투자 대상 기업의 주식을 매수하면 된다. 그런데 요즘에는 단일 기업에 투자하는 전통적인 방법만이 아니라 비슷한 종목들을 모아서 종목군에 투자하는 방법도 가능하다. 예를 들어 자동차 관련 기업들을 모아서 종목군을 만들어 출시한 상품이나 2차 전지 관련주들을 모아서 출시한 상품들도 있다. 고배당주를 모은 상품도 투자자의 선택을 기다리고 있고, 미국의 주식군을 우리나라의 주식시장에서 투자할 수 있는 시대가 되었다. 또한 종목이 아니라 코스피 지수나 코스닥 지수에도 투자할 수 있다. 이 외에도 원유나 구리 같은 원자재투자, 금이나 은 같은 귀금속투자, 달러나 엔화 같은 환투자도 개인 투자자들이 쉽게 접근할 수 있는 투자의 영역에 들어와 있다. 채권투자도 기존에 채권을 직접 사고파는 방식 외에 주식시장에 상장된 채권투자 상품을 통해 투자가 가능하게 되었다. 더불어 오피스 빌딩이나 물류센터, 도로와 같은 사회간접시설 등에 지분 투자가 가능한 리츠 상품들도 다양하게 출시되어 있다. 또한 투자는 투자 대상 종목이 상승할 때 수익을 얻는다는 기존 개념을 넘어서 하락에 투자할 수 있는 상품도 있다. 또 상승과 하락 폭의 몇 배로 수익을 얻을 수 있는 상품들도 있다. 이러한 상품들을 소개하려는 이유는 이런 상품들에 대한 투자를 권유하려는 것이 아니라 주식시장의 투자자라면 적어도 어떤 상품들이 존재하는지 알아 둘 필요가 있기 때문이다. 이미 아는 투자자들이 많겠지만, 아직 잘 모르는 사람들을 위해 짧게 소개하려 한다. 이런 상품들의 기본 원리를 알고 있으면 시장의 흐름과 변화에 따른 고차원적인 응용투자도 가능하기 때문에, 꼭 초보자용만은 아니다. 어떤 종목이나 형태의 상품에 투자해야 할지에 대한 성경적인 기준은 다음 장에서 살펴보고, 일단 투자 상품들에 대한 기본적인 공부를 해보자.

ETF(Exchange Traded Fund, 상장지수펀드)

ETF는 말 그대로 지수펀드를 주식시장에 상장시켜 투자자들이 편리하게 거래할 수 있도록 만든 상품이다. 쉽게 설명하자면, 개별 기업을 거래하는 것과 달리 ETF는 종목군을 묶어서 전체 지수의 변동으로 가격이 오르고 내리는 상품이다. 또한 주식시장에서 직접 거래가 어려운 금이나 은 같은 상품을 펀드화해서 거래할 수도 있다. 배당주를 모아서 하나의 상품군을 형성할 수 있고, 국채도 ETF 상품으로 만들면 직접 채권을 사는 번거로움 없이 주식시장에서 주식처럼 거래할 수 있는 편리성이 있다. 달러나 엔화 같은 환투자도 은행에 가서 직접 환전하고 예금해서 투자하던 방식을 벗어나, 이제는 ETF 상품을 통해 주식시장에서 일반 주식과 같이 거래할 수 있다. 또한 코스피나 코스닥 지수가 오르고 내리는 변동률에 따라 수익을 추구하는 지수 투자도 ETF로 가능하다. 지금도 수많은 형태의 ETF 상품들이 출시되었으며, 앞으로도 그 숫자와 범위는 점점 늘어날 추세다. 과거에는 개별 기업에만 머물던 투자 방식이었지만, 이제는 다양한 대상을 투자 상품으로 만드는 놀라운 기능을 지닌 시스템이 바로 ETF다. ETF와 일반 주식의 가장 큰 차이점은 매매차익에 대해 양도소득세가 부과된다는 점이다. 배당 소득세에 별도의 세금이 부과되는 점은 일반 개별 기업 투자와 마찬가지다. 자세한 부과 내용은 투자 상품마다 다를 수 있으므로 직접 확인할 필요가 있다.

ETN(Exchange Traded Note, 상장지수증권)

여러 회사의 상품을 구성해서 하나의 투자 상품으로 만든다는 점에서, ETN은 ETF와 유사하다. 차이가 있다면 ETF는 종목군을 구성할 때 열 개 종목을 최소 단위로 해야 하는 반면 ETN은 다섯 개가 최소 단위라는 점이다. 또한 ETF는 발행 주체가 주로 자산 운영사인 반면에 ETN은 주로 증권사가 발행 주체라서 발행 주체의 신용 위험에 ETF보다 더 노출되어 있다. 하지만 발행 증권사가 망할 일은 거의 없으므로 그리 염려할 정도는 아니다. ETN 형태로 거래가 이루어지는 대표적인 상품은 원유와 천연가스다.

___ **인버스**(Inverse)

주로 ETF나 ETN 상품들에 적용할 수 있는 투자 형태로, 투자 대상 상품의 가격과 반대로 수익을 내는 상품이다. 투자 대상 가격이 오르면 그 비율대로 주가가 하락하고 반대로 내리면 그 비율대로 주가가 올라간다. 예를 들어 달러 ETF 레버리지에 투자했을 경우, 달러 가치가 올라가면 주가는 내려가고 달러 가치가 내려가면 주가는 올라간다. 코스피200 지수에 투자를 했다면, 코스피200 지수가 올라가면 주가는 내려가고 반대로 내려가면 주가는 그만큼 올라간다. 이러한 레버리지 상품들은 시장이 하락하는 상황에도 수익을 낼 수 있어 하락이 예상될 때 선택하는 투자다. "인버스 투자했다"는 말은 "숏

(Short)에 베팅했다"고 표현할 수도 있다.

레버리지(Leverage)

부동산에서 '레버리지 투자'라고 하면 대출을 받아서 자기 투자금 대비 수익률을 높인다는 뜻이다. 주식에서 레버리지 투자란 주로 상승 시에는 상승분의 두 배 이익을, 반대로 하락 시에는 하락분의 두 배의 손실을 보는 투자 형태다. 미국 시장에는 심지어 세 배짜리 레버리지 상품도 출시되어 있다.

인버스 레버리지

하락 시에 두 배로 베팅하는 상품으로, "곱버스"라고 부르기도 한다.

___ 지수투자

주가 지수를 대상으로 하는 투자다. 예를 들어 코스피200 지수에 투
자했다면, 지수가 상승하는 비율만큼 주가가 올라가고 지수가 내려가
는 비율만큼 주가도 내려간다. 인버스 투자도 가능하고 레버리지 상
품도 나와 있다. 대세 하락이 예상되거나 반대로 대세 상승이 예상될
때 개별 종목이 아니라 종합주가지수를 대상으로 투자하는 상품이다.

___ 환투자

달러나 엔화 같은 외화에 대한 ETF 형태의 상품이 있으며 인버스 상
품도 있다. 달러의 경우 상승과 하락 모두에 대한 레버리지 상품도 나
와 있다. 환율 변동을 예측하기 어렵기 때문에, 환투자는 사실 일반
투자자에게 어려운 영역이다. 하지만 때로 환투자가 예측 가능한 수
익의 기회가 될 수도 있다. 금융 위기가 닥칠 때는 전통적으로 달러가
강세를 보인다. 우리나라의 경우 IMF 위기나 2008년 금융 위기 때
달러 환율이 2~3배까지 치솟은 적이 있는데, 그럴 때 투자해 볼 만한
상품이다. 금융 위기의 정점에 달러 가치가 최고점 부근에 이르렀다
고 판단된다면, 그래서 이제 내려갈 일만 남았다는 것이 거의 확실하

다면, 달러 인버스 상품도 선택지가 될 수 있다. 엔화도 위기 상황에서는 달러와 비슷한 방향으로 움직였는데, 최근에는 마이너스 금리로 인한 엔저 현상이라는 이전과 다른 움직임을 보이고 있다. 하지만 지금처럼(2023년 11~12월) 엔화의 가치가 달러 대비 30년 만에 최저점을 찍은 상황이라면 엔화의 상방향 투자는 수익을 노려볼 만한 투자 선택일 수 있다. 달러와 원화 대비 엔화의 가치가 급속도로 떨어진 원인은 한국과 미국은 고금리 정책을 취한 데 반해 일본은 마이너스 저금리 정책을 고수했기 때문이다. 한국과 미국을 비롯해 고금리 정책을 펴던 국가들은 이제 금리 정점을 찍고 금리 인하 시기를 저울질하고 있다. 이런 변화를 미리 반영하고 있는 시장에서는 엔화가 평가절하 상태에서 벗어나기 시작한 것으로 보인다. 여기에 일본이 오랜 노력 끝에 디플레이션 상태를 벗어나 인플레이션 상태로 물가가 오르고 있어 마이너스 금리 종료를 선언할지 모른다는 소식도 들려온다. BOJ(Bank of Japan: 일본중앙은행)의 금리정책 변화가 온다면 고금리에서 금리 인하로 방향을 틀 한국이나 미국과의 금리차 축소를 가속화할 것이 예상되므로, 엔화 가치의 제자리 찾기도 더욱 빨라질 것으로 보인다. 이런 상황에서 엔화로 현금을 보유한다면 원화로 보유하는 것보다 유리한 입장이 될 수 있다. 환투자는 투자 수익도 목적이지만, 같은 현금을 더 유리한 통화로 보유하여 다가올 시장의 변화에 대응하는 수단이 되기도 한다.

원유나 천연가스 등에 투자하는 데는 주로 ETN 형태의 상품들이 있다. 마찬가지로 인버스나 레버리지를 입힌 상품들도 상장되어 있다. 원자재투자도 개인 투자자들이 쉽게 접근할 수 있는 영역은 아니다. 하지만 원유나 천연가스, 심지어 보석이면서 산업 자재인 백금(Platinum) 같은 상품들도 일정 가격 범위를 벗어나 현저하게 낮아져 있거나 현저하게 높아져 있다면 투자 기회를 엿볼 수 있을 것이다.

이제까지 언급한 다양한 형태의 투자 상품들 외에도 시장에는 수많은 형태의 투자 상품들이 존재하며 앞으로 더 많은 형태의 상품들이 투자자의 선택을 바라며 등장할 것이다. 하지만 이 중에는 성경적인 투자 원칙에 부합하지 않은 상품들도 많이 있다. 특히나 레버리지 상품들은 변동성이 커서 평정심을 잃기 쉽다. 하지만 투자자라면 이처럼 다양한 형태의 투자 상품이 주식시장에 존재하고 있음을 알아야 한다. 이런 상품들이 시장에 나와 있다는 사실과 각 상품의 특징을 평소에 알고 있다면, 간혹 확실한 투자 기회가 왔을 때 그 기회를 포착할 준비를 할 수 있다. 예를 들어 코로나 초기였던 2020년 봄에, 주식은 어디까지 떨어질지 모를 정도로 끝없이 추락하고 원유 가격은 제로를 넘어 마이너스까지 떨어진 어처구니없는 상황이 일시적으로 발생한 적이 있었다. 이 때 원유의 선물 가격은 상승 방향으로 움직일 수밖에 없었다. 가격이 마이너스라는 것은 너무나 비정상적인 일시적인 상황에 불과한 일이었다. 그 당시 원유 선물 ETN에 투자했다면 안전하면서도 높은 수익을 얻을 수 있었을 것이다. 이러한 원유 시장의 상승은 향후 2년간 이어졌고, 원유 선물 가격은 배럴당 120불을 넘어설 때까지 대세 상승장이 연출되었다.

또한 2023년 늦가을에, 한국과 미국의 기준 금리가 정점을 찍고 내려갈 일만 남았다는 시장의 컨센서스가 형성되었다. 역금융장세에서 역실적장세로 넘어가는 상황이라, 시장은 기준 금리의 하락이 언제 시작될지 기대하기 시작하는 분위기였다. 이 때 채권투자에 안전성과 수익성 모두를 갖춘 보기 드문 기회가 찾아왔다. 기대수익률 면에서도 상당히 좋은 상황이 만들어졌다. 채권의 원리를 미리 공부한 투자자라면 거의 30년 만에 찾아온 기회임을 감지할 수 있었을 것이다. 어떤 투자자들은 금리와 엔화 가치의 변동이 예상되는 상황에 엔화로 미국 국채 ETF 상품에 투자함으로써 이중 수익구조를 만들기도 했다. 긴 호흡으로 보면 엔화는 미국과 한국의 금리가 내려가면서 원래의 가치로 회귀할 것이고, 또 금리가 인하되면 채권 가격이 상승할 것이기 때문에 리스크도 거의 없는 투자 기회였다. 채권 가격의 상승은 거의 기정사실이어서, 엔화가 원하는 방향으로 움직이지 않는다 하더라도 어느 정도의 수익은 기대할 수 있는 상황이었다. 11월에 원화 대비 850원까지 떨어졌던 엔화는 12월 초에 910원대를 회복했다. 채권과 채권 가격의 움직임 원리에 대해서는 나중에 별도로 다룰 것이니 혹시 지금 이해가 되지 않더라도 괜찮다.

이처럼 경제의 거시적 흐름과 시장의 상품들에 대한 지식만 있으면 "도 아니면 모"식의 불안한 투자를 하지 않아도 된다. 경제와 금융 시장을 읽는 능력을 평소에 길러 둔다면, 시장이 좋은 투자의 기회를 가져다줄 때 그 기회를 잡을 수 있을 것이다. 혹여 다가온 투자의 기회를 놓쳤더라도 후회나 자책을 할 필요는 없다. 버스가 지나가면 택시가 올 것이기 때문이다. 주식시장에는 투자 기회가 자주 왔다가 지나간다. 그러한 기회들 중에서 자신의 투자 원칙에 맞는 기회를 취사선택할 수 있으려면, 꾸준한 공부가 필요하다. 앞에 언급한 ETF와 ETN 내지 다른 투자 형태들에 대해 더 자세히 알고 싶다면 관련 서적이나 SNS를 통해 얼마든 정보를 얻을 수 있다. 하지만 기본적인 내용만 알고 있더라도 거래와 투자를 하는 데는 별 지장이 없다.

1. 이 장에서 언급한 투자 형태와 상품들에 대한 이해도는 어느 정도인가요? 어떤 부분에 추가적인 공부가 필요하다고 생각하나요?

_____

_____

2. 개별 기업의 주식 이외의 상품에 투자해 본 경험이 있나요? 어떤 종류의 상품인가요?

_____

_____

3. ETF 투자의 장점은 무엇이라고 생각하나요?

_____

_____

4. 최근 들어 원자재나 광물 그리고 외환이나 채권에 대한 개인 투자자들의 참여가 늘어나고 있습니다. 이러한 투자 영역에 대한 이해도는 어느 정도인가요?

_____

_____

5. 인버스나 레버리지 투자에 대해 어떻게 생각하나요? 그리스도인으로서 조심해야 할 부분이 있다면 어떤 것들일까요?

_____

_____

Chapter 6

주식투자에 적용할

성경적 원칙들

너는 범사에 그를 인정하라. 그리하면 네 길을 지도하시리라.

(잠언 3장 6절)

성경은 범사에, 즉 삶의 모든 영역(in all our ways)에서 하나님의 주권을 인정하고 우리가 하는 일들을 그분께 맡기라고 권하고 명령한다. 더불어 하나님 말씀의 가르침과 인도하심을 받으라고 가르친다. 그럴 때 하나님께서 우리의 길을 바르게 인도하신다고 약속한다. 따라서 우리는 삶에서 중요하게 여기는 부분을 하나님께 맡기고 그분의 말씀을 통한 인도하심을 받아야 한다. 그리스도인이 세상을 살아가면서 중요하게 생각하는 것이 몇 가지 있다. 가족, 교회, 경제, 관계, 건강 등이다. 직장도 결국 경제의 영역에 속한다. 통계적으로 볼 때 그리스도인이나 비그리스도인이 하는 고민의 가장 커다란 영역은 경제 부분이다. 사람들이 고민하는 문제들의 90프로 이상은 사실 경제와 직간접적으로 연결되어 있다. 요즘 사회적으로 크게 대두되는 출산과 자녀양육의 문제도 결국은 경제와 밀접한 관련이 있다. 심지어 건강에 문제가 발생해도 치료비라는 경제적인 부분과 연결될 때가 많다.

얼마 전 탈북자 지원 사역을 하는 분을 만났는데, 탈북자들에게 절실히 필요한 부분도 경제에 관한 일이라고 한다. 이렇게 경제와 관련된 문제들이 우리 삶의 상당 부분을 차지하고 있다면, 이 부분에서 하나님의 도우심과 인도하심을 받도록 해야 하지 않을까? 당연히 그래야 하는데 실상은 그렇지 않은 것 같다. 교인들은 경제에 관해 드러내 놓고 말하기를 꺼린다. 그렇게 하면 혹시 다른 사람들에게 경건하지 못한 사람으로 보일까 봐 두려워하는지도 모른다. 돈을 사랑하는 것처럼 비쳐지는 것이 부담스러울 수도 있을 것이다. 교회 내에서도 경제 문제에 관해서는 자세히 다루려 하지 않는다. 목회자의 입장에서는, 안 그래도 바쁜데 경제라는 판도라의 상자를 여는 일이 시간적으로도 상황적으로도 쉬운 일이 아니다. 또한 경제 문제를 어떻게 다루어야 할지에 대해 준비가 많이 미흡한 것도 교회의 현실이다. 하지만 이 부분에 대해 침묵으로 일관한다면 혼돈과 고통은 결국 교인들의 몫이 되고 만다.

이제 우리도 경제와 관련된 이슈들을 다루어야 한다. 그 이유는 첫째, 이미 언급했듯이 경제는 우리의 삶과 너무나 밀접하게 연결된 분야이기 때문이다. 가족을 보살피는 일, 자녀를 양육하는 일, 미래를 준비하는 일과 같이 우리 삶의 중요한 부분들은 모두 경제와 연결되어 있다. 둘째, 경제에 대해 성경적인 원론 수준에서만 다루는 것을 넘어서야 한다. 이런 원론적인 이야기는, 신앙생활에는 도움이 될지 모르지만, 생활신앙에 별 도움이 되질 않는다. 신앙생활이 종교생활을 의미한다면, 생활신앙은 세상에서 살아가는 신앙인의 삶을 의미한다. 경제에 관한 구체적인 적용을 다루지 않는다면, 경제와 투자의 삶을 살아가는 교인들은 어쩔 수 없이 세상에 널려 있는 지식과 가르침을 때로 분별없이 받아들일 수밖에 없다. 세상에는 지혜로운 가르침도 있지만 비뚤어진 경제관과 투자방식을 조장하는 가르침도 너무나 많이 널려 있다. 경제에 대해 제대로 된 가르침이 부재한 상황에서는, 유튜브에 떠돌아다니는 수많은 잘못된 지식들을 습득할 수밖에 없다. 물론 유튜브나 SNS의 모든 내용이 잘못되었다는 말은 아니다. 좋은 내용들도 있다. 하지만 탐욕과 광기에 가까운 투자습관을 길러 주고 장기적으로는 성공하기 어려운 비뚤어진 투자습관을 심어 주는 내용들도 홍수처럼 매일 쏟아져 나오는 것이 현실이다. 조회수를 올리기 위해 호기심과 탐욕이나 불안감을 자극하는 썸네일, 비정상적인 투기를 조장하는 과장된 내용들, 심지어 자신의 투자수익을 올리기 위해 주가조작에 구독자를 이용하는 유튜버들도 있다.

이제는 이 부분에 교회가 나서야 한다. 경제가 이토록 인간의 삶을 광범위하게 장악하고 있고 매일의 주된 관심사 중 하나라면, 하나님의 통치가 당연히 접수해야 할 영역이 아니겠는가? 이제 경제 영역도 말씀의 지도 아래로 데려와야 한다. 인간이 삶에서 당면한 경제

부분에도 하나님의 말씀이 구체적인 가르침과 지혜를 줄 수 있다는 사실을 깨닫는다면 말씀에 대한 신뢰와 관심이 더 자라고 깊어지지 않겠는가? 또한 경제 때문에 우리 마음의 평강이 쉽게 깨어지곤 한다면, 이 부분에서 평강의 하나님의 가르침과 지혜를 구하는 것은 당연한 일이 아닐까? 어떤 사람들은 이렇게 반문할지 모른다. "성경에 이자수익을 통한 자산증식을 지혜롭다 여기는 가르침은 있지만, 주식투자에 관한 내용은 없지 않은가?"라고. 맞는 말이다. 하지만 성경은 "해 아래에는 새 것이 없"다고도 말한다(전도서 1장 9절). 성경에 주식시장에 관한 직접적인 가르침은 없을지라도, 경제의 근본 원리는 과거나 지금이나 별로 다를 바가 없다. 자신이 지닌 노동 가치와 재화, 즉 부동산이나 돈을 통해 이윤을 추구하는 것이라는 경제의 근본 원리는 전혀 달라지지 않았다. 그러므로 우리는 성경이 말하는 경제의 근본 가르침과 그에 따른 원칙을 배울 수 있고, 그것을 오늘날의 주식투자에도 분명히 적용할 수 있다.

성경이 어떤 분야에 대해 가르침을 줄 때, 우리는 그 가르침을 비슷한 영역에 적용하는 법을 배워야 한다. 예를 들어 "세월을 아끼라"는 성경의 가르침을 소셜미디어에 사용하는 시간을 절제하라는 가르침으로 적용할 줄 알아야 한다. 하나님 말씀의 통치에서 벗어난 삶의 영역은 존재하지 않는다. 우리는 삶의 전 영역에서 하나님의 주권과 섭리를 인정하고 또 체험해야 진정한 생활신앙을 살아낼 수 있다. 말씀 따로 삶 따로인 신앙과 삶의 이분화가 아니라 하나님 말씀의 원리가 삶의 전 영역에 영향을 미치는 것을 체험할 때, 신앙생활을 넘어서 생활신앙으로 나아갈 수 있다.

하나님의 통치 아래에 있는 삶의 전 영역에는 주식투자도 당연히 포함되어야 한다. 이 장에서는 과연 하나님 말씀의 가르침이 주식투자에도 적용될 수 있는지 구체적으로 살펴보려고 한다. 주식투자를 어떻게 하는 것이 성경적으로 합당한지 그리고 우리에게 진정한 유익이 될 수 있는지 살펴보려고 한다. 투자의 원칙들을 소개하는 데 그치지 않고 구체적으로 어떻게 적용할 수 있을지 실제 상황을 예로 들면서 함께 고민하고 연구하려고 한다. 이러한 과정을 충분히 거쳐 주식시장과 투자에 대한 지식과 정보를 쌓아 간다면 성경에 입각한 자신만의 투자원칙과 철학을 정립할 수 있을 것이다. 성경 말씀의 권위와 능력을 삶의 전 영역에서 체험하고 확인함으로써, 이제까지 말씀의 가르침과 권위 밖의 음지처럼 여겨 왔던 주식투자를 하나님의 지도와 가르침을 받는 양지로 데려와야 한다.

원칙 1. 노동 소득을 중심에 두고 투자를 시도하라!

우리가 여러분과 함께 있을 때에 "일하기를 싫어하는 사람은 먹지도 말라" 하고 거듭 명하였습니다. (데살로니가후서 3장 10절, 새번역)

주식투자는 부수적인 경제 수단이지 노동을 대체하는 수입원이 될 수 없다. 하나님은 우리가 성실히 자기 일을 하면서 거기에서 나오는 수입으로 살아가기를 원하신다. 간혹 주식투자를 주업으로 삼는 투자자들이 있는데, 이것은 하나님의 뜻에 부합하지 않는다. 또한 주식투자가 자신이 하는 직업에 방해를 주는 상황도 바람직하지 않다. 이렇게 되면 삶이 불안해지고 게을러진다. 은퇴자와 같이 노동을 더 이상 하기 힘든 경우를 제외하고는, 성실한 노동과 일이 수입의 근간이 되어야 하며 주식투자는 경제의 보조적인 역할이 되어야 한다.

원칙 2. 자기 자본으로 투자하라!

> 내 아들아 네가 만일 이웃을 위하여 담보하며 타인을 위하여 보증하였으면 네 입의 말로 네가 얽혔으며 네 입의 말로 인하여 잡히게 되었느니라. (잠언 6장 1~2절)

잠언의 이 가르침은 직접적으로는 타인을 위해 담보를 제공하고 보증을 서는 행위의 위험성에 대한 경고다. 부담스러울 정도의 채무를 진 상황에 놓이면 마음이 노예상태가 되고 짓눌려서, 첫째는 평강을 잃게 되고 둘째는 부담을 견디기 힘들어, 지혜로운 의사결정에 방해가 되기 때문이다. 이러한 원리를 주식투자에 적용하면, 주식투자는 자기 자본으로 해야 한다는 원칙이 만들어진다. 자기 자본이 아닌 빌린 자본으로 투자를 하면 이미 시간은 내 편이 아닌 상황이 되어 버린다. 대출이자가 불어나는 상황과 상환기간의 도래에 얽매이기 때문에, 마음이 쫓기고 평강을 유지하기 어렵다. 또한 투자가 손실 상태가 되면 수익이 생길 때까지 기다릴 수 있는 여력이 별로 없기 때문에, 손해를 보고 매도하는 일이 흔히 발생하게 된다. 반대매매는 이러한 대출 기반 투자의 최악의 모습이다.

비슷한 맥락에서 가까운 미래에 지출이 예정된 자금으로 투자를 하는 일도 바람직하지 않다. 예를 들어 결혼이나 이사가 예정된 상황에 결혼자금이나 전세자금으로 투자를 한다면, 시간을 적으로 만들어 버려 시장에서 약자의 입장이 되기 쉽다. 시간에 쫓기면 판단력도 흐려지고 마음도 불안해진다. 또한 투자 손실이 발생하면 견디기 힘들고 마음의 평강도 많이 손상될 수 있다. 이와 같이 부채를 얻어 투자하거나 가까운 장래에 용도가 정해진 자금으로 투자하는 형태는 성경적인 원칙에 부합하지 않는다. 그리스도인들에게는 돈을 버는 것보다 마음의 평강을 해치지 않는 투자 원칙이 중요하다.

자기 자본을 만들려면 우선 허리띠를 졸라매고 열심히 종자돈을 마련하는 기간이 필요하다. 대출금이 있어 소득에서 지출하고 남은 돈을 모두 대출금 이자와 원리금 상환에 써야 할 경우에 종자돈을 마련하기란 불가능하다. 이런 경우에는 매월 여유 자금의 일부를 대출금 해결하는 데 사용하고 일부는 모아서 투자금으로 활용하는 방법도 생각해 볼 수 있다.

원칙 3. 장기적인 안목으로 투자하라!

> 너는 네 떡을 물 위에 던져라. 여러 날 후에 도로 찾으리라.
>
> (전도서 11장 1절)

성경에서 삶의 지혜를 가르치는 대표적인 책은 잠언과 전도서다. 그 중에서도 전도서 11장은 투자에 관한 지혜를 많이 다루고 있다. 1절의 "떡"을 새번역은 "돈"으로 번역하고 있는데, 투자라는 관점에서 이 말씀을 풀어 볼 수도 있다. '떡을 물 위에 던지는 것'을 투자라고 본다면, '여러 날 후에 도로 찾음'은 긴 시간 내지 일정한 기간이 흐른 뒤에 다시 찾는다는 뜻으로 볼 수 있다. 왜 장기투자가 단기투자보다 지혜로울까? 단기매매를 주로 하는 투자자는, 투자 대상 기업의 주주로 동행하면서 그 기업의 활동과 성장에 따른 열매를 나누는 주주의 마음이 아니라 짧은 기간에 단물만 빼먹으려는 속셈이라, 정상적인 투자자라기보다 투기꾼에 가깝기 때문이다. 물론 투자 판단이 잘못되었음을 알았을 경우에는 단기에 빠져나와야 할 수도 있다. 하지만 단기투자는 대부분 신중하게 알아보고 결정하는 투자가 아니라 직감이나 뉴스에 따라 즉흥적으로 판돈을 걸고 즉각 수익을 얻으려는 도박 심리에 의한 투자다.

지혜로운 투자자는 시장의 정상적인 원리에 따라 투자를 해 나가는 사람이다. 주식투자의 정석은 시장의 흐름을 분석하고 기업의 상황을 분석한 뒤에 투자를 진행하고, 자신이 한 투자가 열매 맺기를 기다릴 줄 아는 투자다. 농부가 씨를 뿌리고 그 씨가 자라 열매 맺는 시간을 기다리듯이, 투자자도 자신의 투자가 목표한 열매를 맺는 기간을 기다릴 줄 아는 사람이다. 이것은 투자금이 물려서 억지로 기다리는 것과는 다른 기다림이다.

단기투자를 주로 하는 투자자는 판단 착오로 손실을 볼 때가 많다. 한 번의 기가 막힌 투자로 큰 수익을 얻더라도 다음번의 실수로 얻은 수익을 잃을 가능성이 아주 크다. 주변에 보면 단기투자를 주로 하는 단타형 투자자들이 꾸준히 수익을 내는 경우는 거의 드물다. 오히려 결국에는 손실만 가득한 성적표를 받아 쥘 뿐이다. 단기투자를 주로 하는 사람은 긴 시간을 통해 축적된 기다림만이 가져다줄 수 있는 수익의 참된 보람을 맛보기가 불가능하다. 또한 매일 수시로 주식창을 들여다보면서 매수와 매도를 반복하기 때문에, 마음도 산란해지고 일상에도 충실할 수 없다. 투자를 하면서 스트레스도 크고 평강과 거리가 먼 삶을 살 수밖에 없다. 단기 수익이 나면 날아갈 듯 기쁘지만 손실이 나면 극도로 우울해지는 감정의 기복을 겪는 사람들은 대부분 단기간의 요행을 바라고 투자하는 사람들이다.

원칙 4. 분산투자를 하라!

> 이 세상에서 네가 무슨 재난을 만날지 모르니, 투자할 때에는
> 일곱이나 여덟로 나누어 하여라. (전도서 11장 2절, 새번역)

주식투자로 큰 손실을 보고 다시는 주식 같은 것을 쳐다보지도 않겠다고 말하는 사람들의 이야기를 들어보면 한두 종목에 소위 몰빵 투자를 한 경우가 많다. 투자금이 아주 적은 경우에는 한두 종목에 투자를 할 수도 있다. 이러한 경우에는 선택적 집중 투자도 효과적인 방법이 될 수 있다. 하지만 어느 정도의 투자금을 가지고 투자하는 경우라면 "계란을 한 바구니에 담지 말라"는 격언을 무시하지 말아야 한다. 전도서도 일곱이나 여덟으로 분산하라고 가르친다. '무슨 재난을 만날지 모른다', 즉 어떤 일이 어떤 기업에 일어날지 모르기 때문에 분산투자는 투자의 아주 중요한 원칙이 되어야 한다. 분산투자를 한답시고 여러 종목을 사기는 했는데 같은 업종의 다른 기업들에 투자하는 경우가 있다. 예를 들면 자동차 관련주만 여러 회사로 분산투자를 했다면 이것은 분산투자의 원칙을 따른 투자가 아니다. 분산투자란 개별기업에만 적용되는 것이 아니라 업종에도 적용되어야 할 원칙이다. 공부가 어느 정도 된 투자자는 주식만이 아니라 채권이나 외환에도 분산투자의 포트폴리오를 짤 수 있다. 기준 금리가 고금리의 정점에서 인하로 전환될 것이 예상되는 피벗(Pivot) 시점이라 주식

의 향방을 확신할 수 없다면, 금리하락으로 가격이 상승할 채권들 특히나 국채를 포트폴리오에 담아 두면 수익과 안전성을 동시에 추구하는 투자 구성이 될 수 있다.

원칙 5. 움직여야 할 때 머뭇거리지 마라!

> 바람이 그치기를 기다리다가는, 씨를 뿌리지 못한다. 구름이 걷히기를 기다리다가는, 거두어들이지 못한다. …아침에 씨를 뿌리고, 저녁에도 부지런히 일하여라. 어떤 것이 잘 될지, 이것이 잘 될지 저것이 잘 될지, 아니면 둘 다 잘 될지를, 알 수 없기 때문이다. (전도서 11장 4, 6절, 새번역)

어떤 투자자는 시장의 거시적 흐름이 망가질 지경이 분명한데도 거침없이 모든 투자금을 쏟아붓는다. 이것은 결코 지혜로운 투자가 아니다. 내리는 소나기는 피해야 하고 시장이 극도로 위험할 때는 몸을 사려야 한다. 예를 들어, 실적장세에서 역금융장세로 넘어가는 시기에 과감한 투자를 한다면 큰 함정에 빠질 수 있다. 2021년 중반 코스피가 3,300을 넘어갈 때, 어떤 분석가들은 코스피가 4,000에 도달할 수 있을 거라는 장밋빛 전망을 내놓았다. 하지만 이때는 인플레이션이 치솟아서 거시적 흐름이 금리인상으로 갈 수밖에 없었기에 그런 뉴스들이 등장하던 시기였다. 몸을 사리기 시작해야 할 시점이었던 것이다. 하지만 과감한 투자가 필요할 때도 있다.

어떤 투자자는 너무 신중하고 소심한 나머지 100프로 안전한 상황이 아니면 투자를 하지 않거나 투자를 했다가 조금이라도 불안하면 바로 전량 매도로 대응하면서 거래세만 낭비하는 경우도 있다. 물론 우리는 매사에 신중하고 조심하여야 한다. 하지만 너무 조심스러워서 조금만 불안해도 손이 얼어 버려 투자를 머뭇거리거나 작은 공포에도 투자금을 수시로 회수하는 사람은 지혜로운 투자자가 되기어렵다. 완전히 안전한 상황만 기다린다면 투자할 타이밍을 찾기는 불가능할 것이다. 주식시장에 안전한 상황이란 존재하지 않기 때문이다. 리스크가 전혀 없는 투자는 존재하지 않는다. 심지어 대형 은행들도 IMF 때는 파산한 적이 있다. 농부가 씨 뿌릴 완벽한 날씨만 기다린다면 씨를 뿌리지 못하고 세월만 보낼 가능성이 크듯이, 투자자가 투자에 안전한 시기만 고집한다면 투자의 타이밍을 제대로 잡을 수 없다. 예상되는 위험 요소를 감안하면서도 투자에 적합한 시기와 기회가 왔을 때는 과감하게 투자에 나서야 한다.

좋은 결과도 투자 시도를 해야 얻을 수 있는 것이다. 또 비록 안 좋은 상황에 내몰리더라도 자기 자본으로 올바른 종목들에 분산투자를 했다면 결국 주가는 회복되기 마련이다. 시장에는 미래의 시황에 대해 늘 긍정론자와 부정론자가 공존한다. 그들은 각각 자기들의 논리로 미래에 대한 예측들을 쏟아 낸다. 그러한 미래 전망들을 참고하는 일은 필요하지만, 지나치게 한 쪽으로 치우치는 일은 지혜롭지 못하다. 어느 한 쪽의 관점에 치우쳐서 지나친 낙관으로 모든 투자금을 일시에 투자해 낭패를 보는 경우도 있고, 반대로 비관적인 전망에 사로잡혀 인버스 투자에 몰빵해서 크게 손해를 보는 경우도 있다. 지혜로운 투자자는 지나친 낙관에도 지나친 비관에도 치우치지 않아야 한다. 그저 기회가 주어질 때 과감히 움직이는 결단성은 필요하다.

원칙 6. 단기간 고수익의 유혹을 피하라!

처음부터 빨리 모은 재산은 행복하게 끝을 맺지 못한다.

(잠언 20장 21절)

가장 위험한 주식 투자자 부류 중 하나가 단기간에 고수익을 얻어서 기고만장해진 사람이다. 이런 사람은 십중팔구 투자자로서 실패한다. 주식투자에는 때때로 초보자의 운이 따른다. 별 지식도 없고 경험도 없는 사람이 큰 수익을 내는 경우다. 하지만 투자는 한 번으로 끝나는 일이 아니다. 길고 짧은 것은 대 봐야 알듯이, 투자에 성공하는 사람은 긴 세월을 꾸준하게 살아남아서 수익을 내는 사람이다. 복권에 당첨된 사람들 중 상당수가 비참한 결말을 맞듯이, 단기간의 고

수익은 낼 수 있는 사람도 드물지만 내더라도 그런 마음가짐으로는 끝까지 자산을 지키고 투자 시장에서 살아남기가 어렵다. 시장은 그렇게 만만하지 않다. 단기간 고수익을 내기도 어렵지만 한두 번 그런 성공을 거두더라도 그것을 끝까지 지켜 내기는 더욱 어렵다. 단기간 고수익을 바라는 투자는 투기에 가깝다. 투기적 투자는 결국 함정에 빠질 수 있고 그렇게 되면 돈과 마음을 모두 잃게 된다. 투자자에게는 항상 투자와 투기를 구별하려는 자기 점검의 자세가 필요하다.

원칙 7. 꾸준하고 점증적인 수익을 추구하라!

> 쉽게 얻은 재산은 줄어드나, 손수 모은 재산은 늘어난다.
>
> (잠언 13장 11절, 새번역)

성경은 부의 축적 자체를 죄악시하지 않는다. 하지만 부의 축적을 향한 수단과 방법에는 옳은 길과 나쁜 길, 그리고 건설적인 방법과 파괴적인 방법이 있다고 가르친다. 그렇다면 부의 축적을 향한 올바른 길은 무엇인가? 한마디로 성실히 차곡차곡 모아 가는 것이다. 잠언 13장 11절의 영어 번역을 보면 "whoever gathers little by little"이라는 표현이 있는데, 이 말은 조금씩 차곡차곡 재산을 모아 가는 것이 건설적이고 올바른 부 축적의 길이라는 뜻을 담고 있다. 이 원리를 주식투자에 적용하면, 시장의 순기능적 원리에 입각하여 정상적인 수익을 기대하는 마음으로 투자해야 한다는 뜻이다. 이런 투자로 얻는 수익은 처음에 커 보이지 않을 수 있지만, 시간이 지날수록 차곡차곡 자산이 늘어 가는 동시에 마음의 평강도 지키고 탐욕도 멀리할 수 있어서 그리스도인에게 아주 중요한 투자 자세다. 워런 버핏은 사람들이 부자가 되지 못하는 이유가 너무 빨리 부자가 되려고 하기 때문이라고 했다. 노련한 투자가의 지혜로운 격언이 아닐 수 없다.

원칙 8. 탐욕을 경계하라!

> 탐욕은 우상숭배입니다. (골로새서 3장 5b절, 새번역)

주식 투자자가 빠지기 쉬운 감정 중 하나가 탐욕이다. 탐욕이란 무언가를 가지고 싶은 강한 욕망이다. 동시에 탐욕은 누군가가 이룬 것을 나도 이루고 싶은 강한 욕구다. 주식시장에는 항상 탐욕의 유혹들이 도사리고 있다. 경제 뉴스를 보면 이런 탐욕을 자극하는 기사들이 매일 쏟아져 나온다. 한 달 만에 두 배로 오른 주식도 있고, 심지어 어떤 테마주는 1주일 만에 세 배가 오르기도 한다. 때로는 단기간에 고수익을 낸 사람들이 인증샷을 올렸다는 기사가 뜨기도 한다. 결혼 자금으로 한 IPO 종목에 투자해서 단숨에 1억을 벌었다는 뉴스를 본 적 있다. 사실 이런 종류의 이야기들은 복권 당첨자들의 이야기처럼 수시로 뉴스에 등장한다. 이런 뉴스나 다른 사람의 투자 성공담을 들으면서 상대를 향한 시기심을 동반한 부러움과 스스로를 향한 자기 비난의 자책감을 가져본 적이 있는가? 성경적인 투자자로 자라기 원한다면 탐욕을 자극하는 내용들을 보면서 그것이 자신의 마음을 시험하는 것임을 알아채야 한다. 이런 이야기들을 오히려 탐욕에 마음이 무디어지고 스스로 마음을 지킬 수 있는 연습과 훈련의 계기로 삼아야 한다.

그렇다면 어떻게 탐욕으로부터 마음을 지킬 수 있을까? 우선 성경의 말씀을 믿어야 한다. 빨리 모은 재산은 행복한 결말을 맺지 못한다는 잠언의 말씀을 믿어야 한다. 우리가 원하는 것은 재물이 아니라 진정한 평강과 행복인데, 하나님은 탐욕으로 부를 많이 이루더라도 진정한 행복에는 도움이 안 된다고 하신다. 또한 탐욕은 우상숭배로 가는 길이다. 탐욕에 사로잡히면 하나님과 멀어지고 돈을 숭배하게 된다는 아주 무서운 경고다. 또한 탐욕에 사로잡힌 사람은 성공해도 교만해지기 쉽다. 무엇보다 탐욕에 사로잡힌 마음에는 만족이 자리잡을 수 없다. 탐욕은 바닷물과 같아서 마실수록 갈증이 심해진다. 몇 년 전에 한 청년이 주식투자로 많은 수익을 얻은 일이 있었다. 주위 사람들은 좋겠다고 부러워했는데 정작 본인은 자기보다 큰 수익을 이룬 직장 동료 때문에 마음이 힘들다는 속내를 털어 놓았다. 인간의 욕심에는 끝이 없음을 느끼게 된 씁쓸한 순간이었다. 또한 탐욕에 사로잡힌 투자자는 실패와 실수를 저지를 확률이 매우 높다. 탐욕에 눈이 멀어 정상적이고 이성적인 판단을 잘할 수 없기 때문이다.

그리고 탐욕을 자아내는 투자 종목들 중 어떤 것들은 폭탄 돌리기 식의 종목이라, 결국 마지막에 상투를 잡은 사람에게 큰 피해를 안겨주게 된다. 나한테서만 터지지 않으면 된다는 식의 투자는 다른 누군가를 희생양 삼아 자신의 부를 이루려는 삐뚤어진 마음을 만들 뿐이다. 주식시장 안에서 탐욕은 친구인 광기를 부르며, 이 둘이 만나서 이루는 모습은 결코 아름답지 않다. 성경적으로 지혜로운 투자자의 길을 가려는 사람은 반드시 이 탐욕을 적으로 여길 줄 알아야 한다.

원칙 9. 주식투자를 우상화하지 말라!

너희가 하나님과 재물을 겸하여 섬기지 못하느니라.

(마태복음 6장 24b절, 새번역)

주식투자도 결국 돈을 모으는 수단이다. 그런데 돈은 쉽게 하나님의 자리를 차지해 버린다. 하나님의 자리를 차지하는 그 무엇이 바로 우상이다. 돈이 신의 자리를 차지하고 실제적으로 사람들을 지배하는 것이 세상의 일반적인 모습이다. 많은 경우 돈은 사람들이 가장 원하는 것이고 많은 영역에서 가치판단의 절대적 기준으로 군림하고 있다. 바로 이러한 돈의 위험성 때문에 돈을 추구하는 주식투자를 안 좋게 여기는 분위기가 있다. 한편으로는 타당한 논리이기도 하다. 그런데 우리는 돈이 위험하다고 해서 돈을 버는 직업이나 노동을 죄악시하지 않는다. 돈은 꼭 필요하고 좋게 쓰이기도 하기 때문이다.

그런데 주식투자를 하다 보면 쉽게 돈이 우상이 되는 상태에 빠지게 된다. 사실 돈을 우상으로 만들지 않으려는 몸부림은 평생 씨름해야 할 영적 싸움이고 훈련이다. 주식투자에도 돈이 우상이 되지 않도록 하는 실제적인 훈련이 필요하다. 가장 도움이 되는 연습과 습관에는 두 가지가 있다. 첫째는 시간의 적절한 배분이다. 사람이 가진 것들 중에서 돈 이상으로 소중한 것이 시간이다. 이 소중한 시간을 중요도에 따라 적절하게 분배할 수 있는 사람이 지혜로운 삶을 살게 된다. 투자자는 정해진 시간 속에서 얼마만큼의 시간을 투자나 투자와 관련된 공부와 정보 수집에 사용할지 정해야 한다. 그렇게 하지 않으면 투자에 정신이 팔려 너무 많은 시간을 쓰게 되고 결국 투자의 노예가 될 수 있기 때문이다. 예를 들어 전업 투자자가 아닌 경우 하루에 한 시간 이상은 주식투자에 쓰지 않겠다는 원칙 같은 것이 필요하다. 국내 주식시장의 경우 장내거래는 아침 9시부터 오후 3시30분까지 이루어진다. 아침부터 주식창을 들여다보기보다 오후에 시간을 정해 놓고 들여다보면서 필요할 때 매수나 매도 혹은 포트폴리오의 조정 등 투자와 관련된 일들을 처리한다면 마음의 쏠림을 방지할 수 있다. 물론 이런 투자 방식이 가능하기 위해서는 이런 원칙의 적용이 가능한 투자 패턴이어야 한다. 급등락 주식이나 단기매매 방식의 투자는 이

성경에서 배우는 주식투자

런 원칙을 적용하기가 불가능하다. 안정적인 종목들의 중장기 투자라면, 특별한 이슈가 없는 한 주식창을 매일 들여다보지 않아도 큰 지장이 없다. 둘째로 주식투자나 돈이 우상이 되지 않도록 하려면 베푸는 삶을 살아야 한다. 투자로 얻어지는 수익을 자신만을 위해 쓰려는 마음이 아니라 일부는 헌금으로 또 일부는 선한 일에 쓰려는 구체적인 비전이 있어야 한다.

원칙 10. 겸손하고 배우는 자세로 시장을 대하라!

> 교만에는 멸망이 따르고, 거만에는 파멸이 따른다.
>
> (잠언 16장 18절, 새번역)

주식시장에서도 겸손이라는 미덕이 필요하다고 생각하는 사람은 별로 없을 것이다. 주식시장에서 떠드는 사람들 중에는 교만한 허풍쟁이가 많다. 하지만 하나님께서 창조하신 세상의 모든 분야에서 최고의 미덕은 바로 겸손이다. 주식시장이라고 예외는 아니다. 교만과 겸손은 분야를 막론하고 그에 합당한 결과를 만든다. 투자자는 주식시장을 대할 때 겸손함을 유지해야 한다. 구체적으로 말하자면 첫째, 시장이 자신보다 똑똑하다는 사실을 늘 기억해야 한다. 둘째, 수익은 시장이 줄 때 얻을 수 있다는 사실도 기억해야 한다. 그 어떤 투자의 대가도 자신이 시장보다 우위에 있다고 말하지 않는다. 진정한 투자의 대가는 항상 시장의 움직임을 관찰하고 거기에 적응하고 심지어 순응하면서 시장이 주는 열매를 받아서 누린다.

어떤 투자자들은 시장을 자기가 원하는 시나리오에 끼워 맞추려고 한다. 자신이 만든 성공투자 시나리오에 시장이 따라올 것이라고 착각한다. 이것은 한 개인이 거대한 시장을 이길 수 있다는 우매한 착각이다. 특히나 초보자의 운을 맛본 투자자가 이런 착각에 쉽게 빠진다. 사실 주식투자는 할수록 쉽지 않음을 깨닫게 된다. 또한 시장의 움직임을 확실하게 예측할 수 있는 사람은 아무도 없다. 시장의 근본원리를 공부하고 더불어 항상 변하는 시장의 움직임에 순응하려는 겸손한 자세가 필요하다. 주식투자를 통해 수익을 내는 일도 중요하지만, 겸손한 성품을 다듬어 갈 줄 안다면 돈보다 소중한 열매를 얻게 될 것이다.

원칙 11. 주식시장의 근본 원리에 입각한 투자를 하라!

네가 자기의 일에 능숙한 사람을 보았느냐?

(잠언 22장 29a절)

지혜로운 투자자가 되고 싶다면, 주식시장의 근본 원리를 자주 되새기는 것이 매우 중요하다. 모든 분야에는 기본이 중요하고, 기본을 중시하는 사람이 진정한 승리자가 될 수 있다. 그렇다면 주식시장의 근본 원리는 무엇일까? 주식투자를 한다는 것은 해당 기업의 주주가 된다는 것이고, 투자자가 주주가 되는 이유는 분명하다. 자신이 투자한 회사가 영업이 잘 되어 그 이익을 주주로서 함께 누리기 위함이다. 기업은 배당을 통해 주주들과 이익을 공유한다. 그러므로 배당이 시원치 않은 회사는 매력적인 투자 대상이 아니다. 투자를 하는 두 번째 이유는 기업의 성장에 따른 가치증가를 공유하려는 것이다. 기업이 성장하면서 주가가 오르면 소위 시세 차익이라는 수익이 발생하며, 주주는 배당과 더불어 시세 차익을 누리게 된다. 그런데 이 배당과 시세 차익 중에서 투자에 더 근본이 되는 요건은 배당이라고 생각한다. 그 이유에 대해서는 나중에 다시 다룰 것이다. 한 가지 근거만 제시하자면, 외국인 투자자들이 한국의 주식시장에서 거둬 가는 수익의 상당 부분은 배당수익이라는 사실이다. 2022년 한 해 동안에만 외국인 투자자는 국내 시장에서 약 9조 원이 넘는 배당을 챙겨갔다. 2020년에 외국인이 수령한 배당금은 14조 원이 넘었다. 하지만 외국인 투자자가 수령한 배당금은 국내 주식시장 총 배당금의 40프로에도 미치지 못한다. 그만큼 매년 기업들은 천문학적 액수를 배당금으로 지불하고 있고 앞으로도 기업들의 배당성향은 증가할 전망이다.

이제까지 소개한 원칙들이 주식투자에 구체적으로 어떻게 적용되는지에 대해서는 다음 장에서 실제적인 사례들을 통해 자세히 다룰 것이다. 원칙은 적용을 위한 것이다. 이론 상태에만 머무는 원칙은 죽은 법칙에 불과하다. 원칙을 구체적으로 적용할 때 원칙은 생명력을 지닌 실체가 될 것이다.

1. 주식투자를 하면서 하나님의 인도하심을 구하는 마음으로 기도해 본 적이 있나요? 어떤 상황에서 무엇을 위해 기도했나요? 기도할 생각을 안 했다면 왜 그랬을까요?

_____

_____

2. 주식투자를 하면서 힘든 순간이 찾아올 때 주로 어떤 감정적인 반응이 나타나나요? 예를 들어 탐욕, 부러움, 박탈감, 자책감, 불안감, 우울감 등의 반응이 생길 때가 있나요? 주로 어떤 경우에 이런 감정들에 휩싸이나요?

_____

_____

3. 이 장을 읽고 주식투자도 하나님이 다스리시는 영역이며 따라서 성경의 가르침을 알고 적용해야 한다는 부분에 대해 어떻게 생각하게 되었나요?

_____

_____

4. 주식투자에 대한 성경적인 원칙들 중에서 특별히 자신에게 적용되어야 할 원칙은 어떤 것들이며 그 이유는 무엇인가요?

_____

_____

5. 앞으로 주식투자를 성경의 원칙에 따라 하게 된다면 주식투자를 대하는 마음과 자세에 어떤 변화를 기대할 수 있을까요? 투자에 임하는 마음, 투자 방식, 수익 목표 설정 그리고 투자의 궁극적인 목적 등의 관점에서 생각해 봅시다.

_____

_____

Chapter 7

주식투자 원칙의

실제적인 적용

이전 장에서 주식 투자의 성경적인 원칙들을 살펴보았다면, 이번 장부터는 그 원칙들이 구체적으로 또 실제적으로 어떻게 주식투자에 적용될 수 있는지 살펴보겠다. 이 장에서 언급하는 적용의 원리와 사례들이 절대적인 기준이라고 생각하지는 말기 바란다. 하지만 수년 간의 경험과 고민을 바탕으로 정리한 내용이라 분명 도움이 될 수 있고 또 공감할 부분도 많을 것이라고 생각한다. 다시 한 번 되짚자면, 성경이 가르치는 지혜로운 투자는 탐욕을 멀리하고 평강을 가까이 둘 수 있는 투자다. 또한 꾸준한 수익으로 보람을 느낄 수 있고 삶에 경제적 안정감을 만들어 주는 투자가 성경의 가르침을 따라갈 때 기대할 수 있는 지혜로운 투자의 모습이다. 이런 바람직한 투자자의 길로 들어서려면 수많은 투자의 형태들을 놓고 분명한 원칙과 기준으로 취사선택할 수 있는 분별력과 결단력이 필요하다. 예를 들어, 맛있다고 모두 몸에 좋은 음식은 아니다. 음식 중에도 자신의 몸 상태와 건강에 도움이 되는 음식이 있고 오히려 해를 끼치는 음식도 있다. 또 다른 사람에게는 해가 되지 않지만 자신에게는 해가 되는 음식도 있다. 그래서 우리는 자신에게 맞는 음식, 특히나 자신의 건강에 도움이 되는 음식을 선택하는 일이 중요함을 알고 있다. 입에 당기더라도 건강을 해칠 음식은 피하는 것이 지혜로운 선택이듯, 주식투자에서도 수많은 투자의 형태나 기회들 중에 자신의 정신 건강에 해를 끼칠 것들을 거부할 줄 아는 분별력과 결단력이 필요하다. 앞에서 다룬 성경적인 원칙에 부합하면서 자신의 능력과 취향에 맞는 투자의 길을 선택하는 일은 하루아침에 이루어지지 않는다. 부단한 노력과 자기점검의 시간을 통해 자기만의 투자 패턴이 만들어질 수 있다.

___ 종목들에 대한 적용

주식시장에서 거래되는 기업과 주식을 각각의 특성에 따라 분류하기도 하는데, 이런 분류는 그 범위가 항상 명확하지는 않지만 개별 기업과 주식의 특성을 이해하는 데는 도움이 된다. 또한 하나의 기업이 하나 이상의 분류에 해당하는 경우도 많으므로 분류의 기본 개념을 익히는 것이 중요하다. 각각의 분류들에 대한 특징들을 살펴보면 성경적인 원칙에 비추어서 권장할 수 있는 종목인지 피해야 할 종목인지 분간할 수 있게 된다. 이제 각각의 분류들의 명칭과 특징들을 살펴보고 성경적 원칙에 비추어서 추천할 만한 섹터인지 아닌지 알아보도록 하자.

1) 성장주: 기업의 내재 가치보다 고평가된 주식을 말한다. 미래 성장성을 크게 보기 때문에 기업의 현재 가치에 비해 주가가 상대적으로 높다. 반면에 배당은 거의 할 수 없는 기업들이 대부분이다. 영업이익으로는 배당을 할 충분한 여력이 안 되고 또 이익의 상당 부분이 미래를 위한 투자에 집행되어야 하기 때문에 배당과는 거리가 먼 섹터다. 이런 주식들은 PER과 PBR이 상대적으로 매우 높다. 최근의 예를 들면 전기차 관련주, 인공지능이나 로봇 관련주, 그리고 임상실험 중인 제약주들이 이 부류에 해당하는 주식들이다. 그렇다면 성경적인 원칙을 적용해 볼 때 성장주에는 투자자가 어떻게 접근해야 할까? 성장주의 두드러진 특징은 주가 등락의 폭이 심하다는 점이다. 또한 성장주는 미래 가치가 부풀려 있기 때문에, 비전대로 기업이 성장하면 주가도 받쳐줄 수 있지만 기업의 성장성에 의구심이나 문제가 발생하면 주가는 폭락하게 된다. 과거 1995년에서 2000년에 걸친 닷컴버블이 대표적인 예다. 당시 닷컴 주식들에 대한 투자는 광기와 탐욕의 아수라장 같았으며 그 결말은 아주 비참했다. 물론 모든 성장주가 이렇게 광적이지는 않다. 어떤 성장주는 성장 가능성이 높게 예측되기도 한다. 어떤 성

장주 분야에 아주 뛰어난 정보력과 분석력이 있고 소신도 확실하다면 일정 부분 투자를 해도 좋을 것이다. 그리고 성장주 중에서도 시장 장악력이 뛰어나고 장래성이 보장된 기업들도 있다. 하지만 그런 기업들은 이미 주가가 높아졌을 것이다. 반대로 배당률은 아주 미미할 것이다. 이런 성장주 위주로 투자하는 사람들은 주가의 변동성이 심하기 때문에 수시로 주식창을 확인하며 매도와 매수 타이밍을 고민해야 한다. 수익이 많이 날 경우도 있겠지만 반대로 손실을 크게 볼 경우도 있어서, 평강과 거리가 멀 수밖에 없으며 탐욕에 사로잡히기 쉬운 종목이다. 앞에서 살펴본 성경의 투자 원칙들을 적용해 볼 때 조심해야 할 투자 대상이라고 여겨진다. 높은 변동성으로 큰 손실이 발생할 확률도 있고 또 마음의 평강을 지키면서 투자하기가 어려운 섹터라서 선뜻 권유하기는 힘든 섹터라고 여겨진다.

2) 가치주: 내재 가치, 즉 펀더멘털에 비해 저평가된 종목들이다. 가치주는 PER과 PBR이 상대적으로 낮거나 매우 낮은 편이다. 한국의 주식시장에서는 일반 지주사, 금융 지주사, 철강, 통신 등이 전통적인 가치주에 속한다. 가치주는 성장주에 비해 주가 변동성이 적은 편이다. 그렇다고 가치주에 대한 투자를 무조건 권할 수 있다는 뜻은 아니다. 차츰 이해가 되겠지만, 가치주는 안전성의 측면에서는 성장주에 비해 우위에 있지만 성장성이 훼손된 가치주

는 전망이 밝은 투자 대상이 아니다. 배당률과 배당성향도 판단의 큰 기준이 되어야 한다. 가치주 중에서도 옥석을 가릴 줄 알아야 한다.

3) **가치성장주**: 어떤 기업은 내재 가치도 있으면서 성장성도 지니고 있다. 이런 기업의 주식을 가치성장주라고도 하고 우량주라 부르기도 한다. PER과 PBR도 높지 않으면서 매년 실적이 우상향하고 배당도 증가하는 기업이 여기에 해당한다. 이런 기업들은 업종 별로 분포되어 있는데, 성경적인 원칙으로 볼 때 투자 매력도가 높다고 할 수 있다. 안정성도 있으면서 발전성도 있어서 배당만 확실하다면 오랫동안 동행이 가능한 기업들이다.

4) **경기 민감주**: 경기 사이클에 민감하게 반응하는 주식이다. 경기 상승기에는 주가의 상승이 크고 경기 하락기에는 주가의 하락 또한 큰 편이다. 경기 민감주로 분류되는 섹터로는 건설, 자동차, 해운, 반도체, 철강, 정유 등이 있다. 전문 투자자들은 경기 상승기의 초입에 경기 민감주에 대한 투자에 더 집중하는 편이다. 경기의 거시적 상황에 따라 포트폴리오를 짤 때 고려해야 할 기준이 된다. 성경적인 원칙을 적용해 볼 때, 기업의 내재적 가치만 확실하다면 경기 사이클에 따라 투자 대상으로 고려할 수 있을 것이다.

5) 경기 방어주: 경기와 별 상관없이 실적이 꾸준한 주식이다. 대표적인 경기 방어주에는 통신, 식음료 등이 있다. 경기 하강 시에도 버티는 힘이 크기 때문에 투자자들이 대피처로 찾는 종목들이다. 주가의 변동성은 상대적으로 낮으면서 기업 가치는 견고한 편이라 배당만 꾸준하게 그리고 높게 준다면 훌륭한 투자 대상이 될 수 있다.

6) 기술주: 성장주 중에서 첨단기술을 가진 기업을 말한다. 특징은 성장주와 흡사하다. 하지만 미래의 확실성은 보장하기 힘들다. 개발하고 있는 기술이 빛을 본다면 훌륭한 수익을 얻을 수 있지만 그 반대의 경우도 발생할 수 있기 때문이다. 물론 이미 자리를 확고하게 잡은 구글이나 애플 같은 기업은 기술주 중에서도 성장성과 가치를 확보하고 있어서 안정성에 큰 문제가 없는 기술주들이다. 하지만 최근에 개발된 어떤 기술이나 신제품이 막 시장에 나와서 검증기간을 거치는 단계라면 조심해야 한다. 얼마 전 유행했던 메타버스 관련 기술주들이 하나의 예인데, 이 기술이 상품성 있는 산업으로 발전할지 아니면 찻잔 속의 태풍으로 끝날지에 대한 불확실성 때문에 리스크가 큰 편이었다. 또한 장래성에 너무 쏠려서 주가가 많이 오른 기술주들은 고평가 상태이므로, 급격한 하락을 맞을 수도 있고 주가 변동성이 심해 위험한 투자가 될 수도 있다. 따라서 이런 고변동성 기술주들은 성경적인 원칙에 부합할 수 없는 섹터에 해당한다. PER과 PBR도 매우 높고 배당도 미미하다면

안정적 투자에는 큰 매력이 없다고 본다. 따라서 이러한 기업의 실체와 향후 전망을 전문적으로 분석할 수 있는 정보와 능력이 없다면 섣불리 접근하는 것은 삼가는 게 좋다.

7) 테마주: 우리나라의 개인 투자자들이 가장 열광하는 섹터 중 하나가 바로 테마주다. 상식적인 의미에서의 테마주는 시장의 흐름을 주도하는 기업군을 의미한다. 예를 들어 반도체 테마주, 코로나 리오프닝 테마주, 전기차 테마주 등 많은 투자자들의 관심과 자금이 일시적으로 쏠리는 주도주군을 테마주라고 한다. 하지만 상식에서 벗어난 광기와 탐욕의 대상인 테마주들도 종종 등장한다. 예를 들어 정치 테마주, 마스크 테마주, 요소수 테마주, 우크라이나 재건 테마주 등과 같이 일시적으로 폭발적인 흐름을 만드는 테마주들이다. 이런 종류의 테마주들은 사람들의 관심이 쏠리면 주가가 폭발적으로 오르지만 급락하는 모습을 보이기도 하는데, 냉정하게 들여다보면 기업의 내재가치와는 거의 무관하게 주가가 요동치는 종목들이 대부분이다. 개인 투자자들 중에 이런 테마주들을 좇아 단기간에 큰 수익을 내려는 사람들이 많지만, 성경적인 원칙과는 너무나 거리가 먼 종목군이다. 이런 종목들은 상식적인 흐름이 아니라 도박적인 광기와 탐욕의 전쟁터 같은 투자 분위기를 만들다가 대부분 안 좋은 결말을 맞이한다. 특히나 이런 테마주들은 주가조작 작전세력들이 주로 드나드는 섹터다. 주식을

잘못 배워서 주식시장의 순기능에 대해서는 경험할 기회도 누리지 못한 채, 주식은 절대로 안 할 거라고 굳게 결심한 사람들 중에는 테마주 투자로 혹독한 경험을 한 사람이 많다. 그들은 사실 주식투자를 한 것이 아니라 주식시장에서 도박을 한 것이다. 성경적인 원칙으로 볼 때 전혀 권유할 종목군이 아니다. 비록 운 좋게 타이밍을 잘 잡아서 수익을 낸다 해도, 내가 높은 가격에 판 주식이 누군가의 손에서 터져 버릴 폭탄과도 같기 때문에, 남에게 아픔을 주고 얻은 승리를 그렇게 높이 평가할 일은 아니라고 본다. 지혜로운 투자자로 오래 남고 싶다면 이런 섹터의 뉴스는 한 귀로 듣고 한 귀로 흘려야 한다.

8) **배당주:** 배당주란 상대적으로 높은 배당을 하는 기업을 말한다. 매년 벌어들이는 당기순이익의 일정 부분을 꾸준하게 배당함으로 주주들과 수익의 열매를 나누는 건실한 기업들이다. 성경적인 원칙에 입각해서 안정성과 꾸준한 수익 그리고 비교적 마음의 평강을 지킬 수 있는 대표적인 섹터는 배당주라고 생각한다. 배당을 기준으로 기업을 분류할 때 배당을 하는 배당 기업과 배당을 하지 않는 무배당 기업으로 나눌 수 있다. 배당을 하더라도 1프로 미만의 미미한 배당을 하는 기업은 거의 배당이 없는 기업과 마찬가지로 분류해야 한다. 배당 기업들도 주가 대비 배당수익률에 따라 차등이 있다. 배당주 중에서도 5~6프로 이상을 꾸준하게 지급하

는 주식을 고배당 주식이라고 부른다. 성경의 원칙들을 기준으로 볼 때, 건실한 배당 기업이 가장 성경적인 원칙에 부합하는 투자 대상이라고 여겨진다. 따라서 고배당주들 중에서 기업분석으로 옥석을 가린다면 훌륭한 투자 대상들을 만날 수 있다. 고배당주 투자에 관한 상세한 내용은 다음 장에서 구체적으로 다룰 것이다.

___ 투자 자금에 대한 적용

1) 투자 자금의 성격

주식 투자자는 운용 자금을 가지고 있다. 그런데 그 자금의 성격이 성경적인 투자 원칙에 부합하려면 자기 자본으로 시간적 여유가 있는 자금이어야 한다. 가장 좋은 투자 자금은 그 자금이 없어지더라도 당장의 생활에 지장이 없을 잉여금이다. 적어도 가까운 미래에 사용처가 정해져 있지 않은 자금이어야 한다. 매월 급여를 받는다면 지출 외에 저축할 수 있는 돈이 투자 자금이 될 것이다. 대출이나 카드론 등으로 투자를 하다가 손실을 보면 이중으로 피해와 어려움을 겪게 된다. 주식으로 날리고 상환 압박에 시달리게 된다. 이런 상황이 되면 삶이 힘들어질 것이 뻔하다. 따라서 주식투자에 임하고 싶다면 자신에게 주어진 현재의 순수한 투자금과 앞으로의 현금 흐름에 따라 투자에 더 투입할 수 있는 자금을 먼저 계산해야 한다. 이 과정을 거쳐야 제대로 된 투자의 포트폴리오를 짤 수 있다.

2) 투자 자금의 포트폴리오

자신에게 투자 자금이 천만 원 있다고 가정해 보자. 천만 원을 한두 종목에 모두 투자한다면 앞 장에서 살펴본 성경의 투자 원칙에는 벗어나는 형태다. 앞에서도 살펴보았지만, 성경(전도서 11장)은 분산 투자, 즉 포트폴리오의 중요성을 가르치고 있다. 주식투자에 앞서 자금의 포트폴리오를 먼저 고려해야 한다. 천만 원을 가지고 어디에 어떤 비중으로 분배할지 결정해야 한다. 물론 이 결정도 시장의 상황에 따라 달라질 수 있기 때문에, 투자자는 현재 시점에 가장 적절한 포트폴리오를 유연성 있게 가져가야 한다. 예를 들어 주식시장의 전망이 어둡다면 현금 비중을 높게 가져가야 하고 전망이 밝다면 주식 비중을 높게 가져갈 수 있다.

일반적으로 투자 자금을 분배할 때는 크게 세 가지 선택지가 있다. 바로 현금과 주식과 채권이다. 경제의 흐름에 따라 현명한 투자자는 이 세 가지 자금 분배의 비중을 적절하게 조절한다(채권에 대한 이해가 부족한 상태라면 나중에 설명할 기회가 있을 테니 걱정할 필요는 없다). 은행 예금은 투자에 즉각 동원하기가 용이하지 않으므로 예금 형태의 현금은 투자를 위한 자금과는 별개로 취급해야 한다. 예금은 만기가 있고 중도 해약 시에 약정 이자를 거의 받을 수 없기 때

성경에서 배우는 주식투자

문에, 예금으로 일정 기간 묶어 둔 돈은 투자금이라고 보기 어렵다. 이러한 딜레마를 해결해 주려고 증권사마다 고객 예탁금을 자산관리계좌(Cash Management Account, 이하 CMA)로 운영할 수 있는 시스템을 갖추고 있다. CMA에 돈을 보관하면 매일 이자를 지급받으며 언제라도 해약의 손실 없이 투자에 가용할 수 있기 때문에 현금 형태의 투자금을 보관하는 데 큰 도움이 된다. 시장의 변화에 대응하려면 현금이 필요하기 때문에, 현명한 투자자라면 일정 부분은 현금으로 가지고 있다. 주가가 급락하는 상황에 현금이 없다면 저가 매수의 기회를 노릴 수 없다. 그저 보유 주식들이 하락하는 아픔만 감수해야 한다. 위기가 기회가 될 때가 있기 때문에 투자자는 항상 위기와 기회 둘 다에 대한 준비가 되어 있어야 한다. 투자계의 거물들은 모두 현금과 주식과 채권의 포트폴리오를 짜서 시장에 대응하는데, 이는 어느 누구도 미래를 정확히 알 수 없기 때문이다. 주식 시황이 좋을 때라도 최소한 5~10프로 정도의 현금 비중은 유지하는 것이 욕심을 경계하고 미래를 대비하게 해서 투자자가 평정심을 유지하는 데 도움이 된다. 또 아무리 자신의 눈에 좋은 기회가 오더라도 몰빵 투자는 욕심과 성급함의 습관을 투자자에게 심어 주므로, 치명적인 실수나 실패로 연결될 확률이 매우 높다. 과도한 욕심은 피하는 것이 현명한 선택이다. 나중에 설명하겠지만 채권 형태의 투자도 어느 정도 현금 지키기의 수단이 될 수 있다.

___ 투자 종목에 대한 적용

분산투자는 일반 상식인 동시에 성경의 투자 원칙이다. 달걀을 모두 한 바구니에 담으려면 엄청난 확신이 있어야 할 것이다. 앞에서도 언급했지만, 투자 대상 기업들의 다양화만이 아니라 종목군도 분산해서 포트폴리오를 꾸려야 한다. 같은 종목의 주가들은 같은 방향으로 움직이는 것이 일반적이라서, 같은 종목만 담는다면 하나의 기업을 사는 것과 크게 다를 것이 없기 때문이다. 예를 들어 현대 자동차의 주가는 올라가는데 기아 자동차의 주가만 내려가는 일은 거의 일어나지 않는다. 그러므로 투자자는 공부를 통해 자신이 투자할 종목군과 종목들을 선별한 후 투자 매력도에 따라 자금을 분배해야 한다. 투자 대상 기업들과 종목군을 선정했다면 어느 종목에 더 비중을 둘지 결정해야 한다. 기업의 현재 모습이 더 좋고 향후 성장 가능성이 더 높은 쪽에 상대적으로 더 많은 비중의 자금을 투입하는 일은 투자자에게 아주 기본적인 상식이며 중요한 과정이다. 그러나 초기에 세팅한 투자 기업과 투자 업종의 포트폴리오가 계속 유지되는 것은 아니다. 시장은 살아 있는 생명체처럼 늘 변하는 속성을 지니고 있기 때문에, 필요하다고 판단될 때는 그 변화에 맞도록 포트폴리오를 조정하는 유연성을 지녀야 한다. 여기에는 자신만의 원칙이 필요한데, 그 근거와 기준에는 경제와 산업의 거시적 흐름, 주식시장의 흐름과 변화, 개별 기업의 이슈들, 기대 수익의 달성 등이 있다. 이처럼 복잡한 공부나 생각을 할 시간적 여유가 없다면, 다음 장에서 소개하는 기본에만 충실해도 성경적 원칙에 따라 성과를 내는 투자를 할 수 있다.

___ 투자 대상에 대한 자금의 할당비율

분산투자의 원칙에 따라 투자할 대상 기업을 선정했다면 한 기업에 대한 보유 자금의 투자 비중을 정해야 한다. 예를 들면, 한 종목에 대한 투자 최고액을 전체 자금의 몇 프로로 상한선을 정할지 기준을 세우는 것이다. 10프로로 할지 20프로로 할지 기준을 세우는 것이 즉흥적이고 편중된 투자의 실수를 줄이는 데 도움이 된다. 또한 대상 기업의 투자 매력도에 따라 상한선에 차등을 두어야 한다. 상승 매력도와 안정성이 더 높은 기업에는 투자금의 분배율을 높게 가져가고 그렇지 않은 기업에는 낮게 가져가는 것이 수익과 안정성을 높이는 포트폴리오 구성에 도움이 된다. 중요한 점은 자신만의 투자 원칙을 세우는 일이다. 그리고 가급적 그 원칙에 충실해야 한다. 스스로 충실할 수 없는 원칙이라면 원칙을 세우는 과정을 다시 생각해야 한다. 원칙 없는 투자는 성공하기도 어렵고 마음을 지키기란 더욱 힘들다.

___ 투자 시점에 대한 적용

주식투자에 있어 가장 중요하면서도 당연한 원칙은 "싸게 사서 비싸게 팔라"는 것이다. 장사와 무역도 마찬가지다. 싸게 사서 비싸게 팔아야 이윤을 볼 수 있지 그 반대가 되면 손해를 볼 뿐이다. 투자 매력도가 높은 종목을 발견하면 우선 기업 분석을 해야 한다. 그리고 현재의 주가가 적정한지, 고평가인지 저평가인지를 판단해야 한다. 이일에는 개별 기업의 상태도 중요하지만 전체적인 시장의 분위기도 아주 중요하다. 기업의 개별 실적이 아무리 좋아도 시장이 무너지고 있다면 그 기업의 주가는 제대로 된 평가를 받을 수 없고, 반대로 기업 실적과 전망은 별로임에도 주식시장이 활황이라 고평가된 경우도 있다. 아무튼 시황과 개별 기업의 상황을 고려해서 현재의 주가가 매력적이라면 그 매력도의 정도에 따라, 즉 많이 저평가되었는지 살짝 저평가되었는지에 따라 투자금의 규모와 투입 시기를 결정해야 한다. 지혜로운 투자자들은 한 기업의 주식을 매수할 자금으로 한 번에 다 매수하지 않는다. 간혹 전체 할당 금액으로 한 번에 풀매수를 해야 할 경우가 생길 수 있겠지만, 일반적으로는 분할 매수로 접근하는 것이 수익률이나 마음을 지키는 데 유리하다. 워런 버핏도 투자 매력이 있다고 판단하면 해당 기업의 주식을 일정 기간 꾸준하게 분할 매수하는 원칙을 가지고 투자한다. 최근에는 애플이나 옥시덴탈 같은 우량 기업들을 수년에 걸쳐 분할로 매수하고 있다. 주식을 매도할 때도 마찬가지다. 특별한 경우를 제외하고는 분할 매도의 원칙을 지켜야 한다. 이렇게 분할 매수와 분할 매도를 해야 하는 이유는 무엇일까? 첫째는 확실한 저점과 고점을 모르기 때문이다. 전량 매수로 대응을 했다가 주가가 떨어지는 경우에는 마음이 불안하고 답답해진다. 반대로 전량 매도를 했다가 주가가 계속 올라갈 경우에는 후회와 자책의 마음이 든다. 매수를 했는데 주가가 올라가 분할 매수로 대응하더라도, 올라가고 있는 상황의 분할 매수는 느긋한 마음으로 할 수 있다. 반대로 분할 매수 후 주가가 내려가면 평균단가를 낮추는 추가 매수가 가능해서 마음이 훨씬 덜 답답하다. 정확한 저점과 고점을 알아서 전량 매수와 전량 매도로 대응한다면 수익을 극대화할 수 있겠지만, 그것은 이론일 뿐이다. 어느 누구도 미래를 정확히 알 수 없기 때문에 전문 투자자들도 분할 매수와 매도의 원칙을 고수하는 편이다. 이 방법은 마음의 평강을 지키는 일에 도움이 되며, 탐욕과 투기적인 투자 형태로부터 마음을 보호해 주기도 한다. 테마주와 같은 곳에 투자하는 사람은 대부분 이 원칙을 따르지 않고 몰빵 매수와 몰빵 매도를 한다. 하지만 성경의 원칙에 부합하는 섹터의 주식들은 보다

느긋하게 분할 매수와 분할 매도의 방법이 얼마든 가능하고 또 필요하다. 분할 매수를 선택하더라도 자신이 선정한 기업의 주가가 아주 매력적이라면 초기 투입 비율을 높게 가져가고 아직 불확실하다면 초기 투입 비율을 낮게 가져가면 된다.

1. 개인 투자자들은 테마주에 투자해서 때로 큰 수익을 보기도 하지만 많은 경우 큰 손실을 보기도 합니다. 테마주에 투자해 본 경험이 있나요? 어떤 결과와 교훈을 얻었나요?

_____

_____

2. 경기 민감주와 경기 방어주의 특징들은 무엇이며, 시장의 어떤 흐름에서 빛을 발할 수 있을까요?

_____

_____

3. 돈만 벌 수 있다면 어떤 투자 형태든 상관없다는 투자철학을 성경적인 관점에서 분석하고 비판해 봅시다.

_____

_____

4. 이 장에서는 특별히 예외적인 경우가 아니라면 분산 투자와 분할 매도와 매수를 해야 한다고 주장했습니다. 이렇게 해야 하는 이유는 무엇일까요?

_____

_____

5. 투자 종목을 선정하거나 투자 자금을 할당할 때 어떤 원칙으로 해왔나요? 이 장을 읽고 혹시 지금까지 해왔던 방식에 변화를 주고 싶은 부분이 있나요?

_____

_____

Chapter 8

성경의 원칙에 가장 가까운

고배당주 투자

경제활동을 했던 40대 초반까지의 경험과 그 후 목회자로서 투자에 관련된 성경 말씀들을 연구한 결과로 분석해 봤을 때, 주식시장의 다양한 상품들 중에서 성경적인 원칙, 즉 광기와 탐욕을 경계하며 꾸준한 수익, 평강의 마음 지키기, 미래에 대한 착실한 준비를 다 만족시킬 수 있는 구체적인 투자 방법은 바로 고배당주 투자다. 이 글을 쓰고 있는 시점에 또 하나의 뉴스를 접하게 되었다. 공무원이면서 유명 유튜버로 활동하던 한 분이 조기은퇴를 하고 경제적 자유를 이루었다는 내용이 소개되었다. 매월 직장 수입 이상의 배당이 들어오는 수입 구조를 만들어서 조기은퇴의 꿈을 실현할 수 있었다는 인터뷰 기사였다. 그런데 투자 내역을 보면 대단히 전문적인 투자 노하우를 가지고 한꺼번에 이룬 성과가 전혀 아니었다. 그저 본질에 충실한 투자를 꾸준히 하면서 경제적 자유에 이를 수 있었다고 한다. 이 분의 투자 포트폴리오는 지극히 평범하고 단순해 보이지만, 사실은 굉장히 지혜로운 포트폴리오 구성과 투자 방식이었다. 그 내용을 들어보면 은행주가 6~70프로, 나머지는 증권주와 정유주 등 모두 배당주로 구성되어 있었다. 꾸준히 배당을 하는 기업들에 투자를 해서 배당을 받다가 어느 종목의 시세가 확 뛰면 매도 후 다시 재투자로 포트폴리오를 짜는 식이었다. 이런 투자를 하는 분들은 주식창을 매일 수시로 들여다보지도 않는다. 그저 정해진 배당을 받으며 종종 주식창을 들여다보고, 필요하면 포트폴리오를 재조정하면 그만인 투자 방식이다.

하지만 이렇게 단순해 보이는 고배당주 투자에도 얻어야 할 정보와 배워야 할 원칙들이 있다. 어떤 사람들은 고배당주 투자는 시시해서 좀 더 변동성이 강한 종목 투자를 택하는 것이 똑똑한 것처럼 말하는데, 주변에 주식으로 장기간 꾸준하게 수익을 내는 투자자들 중에는 고배당주 투자자들의 비율이 상당히 높다. 그리고 고배당주 투자도 아무런 공부나 준비 없이 할 수 있는 분야가 절대 아니다. 기술주나 테마주 투자처럼 수시로 바뀌는 상황과 변동성에 대응하려는 불편하고 불안한 민첩성까지는 아니더라도, 꾸준한 공부와 분석은 반드시 필요한 분야다. 그래서 일반 투자자들이 취미처럼 접근할 수 있어서 비교적 마음이 편안한 투자 방식이다. 길게 본다면 수익률도 절대로 뒤지지 않는다. 오히려 안정적인 수익이라 큰 낭패를 볼 일이 별로 없는 투자다. 우선 고배당주 투자의 장점들이 성경적인 투자 원칙과 어떻게 일치하는지 살펴보자.

___ 예금금리를 능가하는 수준의 수익

고배당주 투자를 통해 투자자는 확보된 배당 수익 외에도 시세 차익을 누릴 수 있다. 여기에 대한 자세한 이야기는 다음 장에서 하도록 하자. 그런데 배당 수익만 놓고 보더라도 예금 수익보다는 훨씬 높고 인플레이션을 훨씬 상회하기 때문에 금융자산의 가치를 충분히 방어하고도 남는다.

___ 꾸준한 수익과 복리의 법칙

고배당주 투자의 대상 기업은 처음 한두 해만 일시적으로 배당을 많이 하는 기업이 아니라 꾸준하게 매년 고배당을 하는 기업들이다. 또한 배당 감소보다는 유지 내지 점진적 상향으로 가는 기업이 고배당주 투자에 적합한 기업이다. 우리나라를 기준으로 고배당을 하는 기업 중에는 연 배당금이 8~9프로에 육박하는 우수한 기업들도 있다. 주가의 상승에 따른 시세 차익을 생각하지 않더라도, 매년 8~10프로의 이자를 받을 수 있다면 얼마나 큰 수익인가? 은행에서 연 7프로 예금을 한도액 없이 받아준다면, 사람들은 너도나도 가입하려고 줄을 설 것이다. 물론 예금보다는 리스크가 큰 것이 사실이지만, 자기 자본으로 장기 투자를 하는 경우에는 일시적인 리스크가 큰 장애물이 되지 않을 것이다. 고배당주 투자자들 중에서 생활은 노동수입으로 감당하면서 미래와 노후를 위해 매년 받는 배당을 재투자하는 사람들이 있는데, 이런 경우에는 복리의 법칙이 적용되어 시간이 갈수록 자산이 눈덩이처럼 늘어나게 된다. 예를 들어 천만 원을 가지고 연 10프로의 수익으로 복리방식 투자를 하면 10년 뒤에는 2,707만 원이 된다. 원금이 3천만 원이라면 10년 뒤에는 8,121만 원이 넘는다. 20년 뒤에는 3천만 원이 약 2억 1,984만 원이 되고 30년 뒤에는 약 5억 9,512만 원이 된다. 고배당주 투자자들에게는 배당 수익 외에도 종목에 따라 간간히 20~30프로 정도의 시세 차익을 낼 수 있는 수익 실현의 기회가 주어진다. 따라서 연간 10프로 정도의 수익은 가능한 목표이며, 때에 따라 그 이상의 수익도 기대할 수 있을 것이다. 만일 연간 15프로 정도로 수익률이 높아지면, 3천만 원이 30년 뒤에는 26억이 넘는 어마어마한 금액이 된다. 물론 많은 개인 투자자들은 1년에 10프로 정도의 수익을 보려고 주식투자를 하지 않는다. 기대 수익이 훨씬 높다. 그런데 결과적으로 꾸준하게 일정한 수익을 내는 투자와 욕심을 부리다가 낭패를 보는 투자의 갭은 시간이 갈수록 점점 벌어지기 마련이다. 복리식 투자는 시간이 지나면서 스노우볼(Snowball)처럼 자산이 불어나는 지혜롭고 성실한 성경적 투자 방식이다. 투자의 대가 워런 버핏도 자신의 성공 비결이 이 복리의 법칙에 있다고 했다.

___ 주가의 강한 하방 경직성

고배당 주식들 또는 기업들은 배당이 높기 때문에 주가가 떨어져도 어느 범위 이하로 떨어지기가 어렵다. 물론 배당이 훼손될 만큼의 위기가 발생한다면 예외적인 상황이 발생할 수 있겠지만, 그럴 일이 별로 없는 고배당 기업의 주가는 배당이 없는 기업이나 성장주 또는 기술주에 비해 주가의 하방 경직성이 상당히 견고하다. 따라서 예상치 못한 큰 위험에 직면할 걱정이 훨씬 덜하다. 반면에 우량기업이라도 배당률이 받쳐주지 않으면 하방 경직성을 확신할 수 없다. 예를 들어 투자자들의 높은 사랑을 받았던 기업인 LG생활건강은 황제주라고 불렸다. 주가가 100만 원 위에서 움직이던 주식이었기 때문이다. 심지어 코로나 초기 주식시장 폭락의 최하단에서도 이 기업의 주가는 100만 원 밑으로 떨어지지 않았다. 상승기였던 2021년 여름에는 180만 원을 육박했다. 따라서 많은 투자자들은 이 기업의 황제주로서의 위치에 대한 어떤 신념 같은 것을 가지고 있었다. 하지만 2023년 12월의 주가는 30만 원 언저리에 머물고 있다. 이 주식이 100만 원 아래로 떨어질 때 강한 매수세가 들어왔는데, 황제주로서 100만 원 이하라는 가격은 너무 저렴하다고 생각했던 것 같다. 그 뒤에 70만 원과 50만 원이 무너질 때도 투자자들은 너무 주가가 빠졌다고 생각해서 저가매수와 물타기에 나섰다. 하지만 지금은 주가가 한없이 빠졌고 언제 얼마나 회복할 수 있을지 불확실한 상태다. 그토록 탄탄하던 기업의 주가가 왜 이렇게 하방 경직성이 약했던 것일까? 그 이유는 실적도 중요했지만 배당률에 크게 근거했다고 본다. 주가가 100만 원을 넘었을 때도 배당률은 1프로에도 미치지 못하는 수준이었다. 그만큼 배당과 배당 안정성은 주가의 하방 경직성에 아주 필수적인 버팀목 역할을 한다.

___ 회귀의 법칙

고배당 주식은 결국에는 자기 주가를 회복한다. 어떤 변동성을 겪더라도 배당 시기가 다가오면 본래의 주가를 회복하는 경향이 아주 강하다. 연어가 알을 낳을 시기가 되면 치어 때 살던 곳으로 돌아오는 회귀본능처럼, 고배당주는 배당 시기가 되면 원래의 값을 회복한다. 이러한 회귀 원리를 알고 있는 고배당주 투자자는 주가의 변동에 마음이 크게 동요되지 않는다. 오히려 주가가 높아지면 일부 매도를 하고 주가가 낮아지면 추가 매수로 대응하면서 자산을 가꾸고 키워갈 수 있다.

성경에서 배우는 주식투자

___ 높은 예측 가능성

인간은 불확실성을 싫어한다. 자산관리에서도 불확실성보다는 확실성을 선호하려는 경향이 강하다. 주식투자에서 변동성이 높다는 것은 불확실성도 높다는 뜻이다. 널뛰는 주가와 어디까지 갈지 모르는 변동성 때문에 늘 마음을 졸이고 긴장해야 한다면, 이것은 본질적인 면에서 자신을 해치는 투자방식이 될 뿐이다. 고배당주는 배당도 예측이 가능하고 해당 기업을 잘 안다면 향후의 움직임도 어느 정도 예측이 가능하다. 또한 우리나라의 고배당 주식들은 주로 가치주라 대부분 평가절하 상태에 머물고 있어 PER과 PBR이 상대적으로 낮다. 이렇게 평가절하되어 있는 경우가 많으므로, 시절만 잘 만나면 주가 상승의 강한 모멘텀을 기대할 수 있다. 반대로 내려가더라도 그 폭이 깊지 않고 또 회귀의 성질을 가지고 있기 때문에 예측 범위를 크게 벗어나지 않는다. 간혹 단기투자로 배당주를 사 놓고 답답하다며 매도해 버리고 원래의 고위험 투자 성향으로 돌아가는 사람들이 있는 반면, 배당주에 맛을 들인 사람들은 마치 한 해의 농사를 짓는 농부처럼 배당철이 되면 여행도 가고 차도 바꾸면서 여유 있는 삶을 즐기기도 한다.

고배당주 투자의 가장 큰 장점 중 하나는 주가 변동성의 범위가 어느 정도 예측 가능하기 때문에 주가의 흐름에 크게 연연하지 않을 수 있다는 점이다. 하지만 배당이 거의 없고 PER과 PBR도 지나치게 높은데 성장성이 있다는 이유만으로 주가가 높아진 경우에는 예측도 힘들고 적정 주가도 계산하기 어렵다. 예를 들어 우리나라의 개인 투자자들이 가장 많이 가지고 있는 성장 기술주 기업 중 하나인 K기업 주식의 경우에는, 주식을 매입한 후 운이 좋으면 큰 수익을 볼 수 있지만 반대로 큰 손실을 본 사람들도 꽤 있다. 한때 17만 원을 상회하던 주가가 3만 원 언저리까지 떨어지기도 했는데, 어느 가격이 적정 가격인지 산출하기가 매우 어려운 종목이라 손실 구간에서 기다리는 것이 매우 힘들어 보였다. 큰 비중으로 투자를 했는데 배당도 미미하고 주가의 회귀성도 확신할 수 없다면 무슨 희망으로 기다릴 수 있겠는가? 이에 반해 고배당주는 들고 있기가 훨씬 수월하다. 적정선을 알기 때문이다. 또 배당도 받으니 재미도 있어서 고배당주 투자에 맛을 들인 사람은 주가가 올라도 좋고 내려도 적정선을 알고 있어 기다리거나 추가 매수로 대응하면 되기 때문에 마음이 훨씬 편하다.

___ 금리 변동성에 따른 시세 차익의 기회

배당주는 고금리 상황에서 주가가 낮아지고 저금리 상황에서는 주가가 높아지는 경향이 있다. 마치 부동산 임대 수익의 매력도가 금리에

성경에서 배우는 주식투자

따라 오르락내리락하는 것과 같은 이치다. 금리가 높으면 기대 임대 수익도 높아지고 금리가 낮으면 그만큼 임대 수익률의 기대치도 낮아진다. 따라서 고배당주 투자자는 금리가 높아져서 배당금은 그대로인데 주가가 낮아질 때 더 사모아야 하고, 반대로 금리가 낮아져서 주가가 높아지면 매도 타이밍이 된다. 고금리 상황에서는 6프로 정도의 배당주가 별 매력이 없어 주가가 떨어지기도 하지만, 저금리 상황이 되면 5프로의 배당주도 크게 보이므로 주가가 올라가게 된다. 고배당주의 주가 흐름을 잘 들여다보면 이러한 금리와의 연관성을 확인할 수 있을 것이다. 물론 금리 하나만 가지고 흐름이 좌우되는 것은 아니다. 다만 금리가 배당주 주가 변동의 주요 요인인 것은 분명하다.

___ 금융 위기가 와도 견디기 쉽다

주식 투자자들이 가장 두려워하는 시나리오가 바로 경기 침체와 금융 위기다. 금융 위기가 오면 모든 주식이 급격히 하락한다. 소위 지수를 이기는 종목은 없는 것이 확인되는 상황이다. 그렇다고 금융 위기가 무서워 투자를 머뭇거리면 바람이 많이 불까 봐 씨를 뿌리지 못하는 농부와 같이 되어서 수확 얻을 기회들을 놓치게 된다. 금융 위기는 투자자라면 늘 염두에 두어야 하는 상황이지만, 주기로 볼 때 10년에 한 번 정도 발생하기 때문에 자주 있는 일은 아니다. 그런데 고배당주에 투자를 하면 금융 위기 때도 주가 하락이 상대적으로 적고 또한 대부분의 경우 배당은 나옴으로 기다리기가 훨씬 수월하다. 소위 임대료 받는 건물주가 건물 값 잠시 떨어졌다고 걱정할 필요 없듯이, 기업만 튼튼하고 배당만 확실하다면 지나가는 금융 위기는 거뜬히 견딜 수 있으며 오히려 저가 매수의 기회로 삼을 수 있다. 이런 이유에서도 일정 비율의 현금은 늘 가지고 있어야 한다.

___ 선진국형 은퇴준비에 검증된 투자

한국은 부의 약 70프로가 부동산 자산이다. 반면에 미국은 자산의 상당 부분이 금융 자산인데, 그중에서도 주식과 채권 비중이 매우 높다. 그렇다면 선진국의 은퇴자들은 어떤 형태의 주식을 주로 보유하고 있을까? 결론적으로 말하자면 정기적으로 배당을 지급하는 주식들을 사모아 은퇴를 준비하는 경우가 일반화되어 있다. 선진국은 기업들의 배당성향도 높고 배당 주기도 짧다. 한국의 배당 기업들은 연 배당 기업이 많은 반면에, 미국 같은 경우는 분기나 월 배당 기업들도 상당수 있어서 생활 자금을 배당주 투자 포트폴리오에 의존하는 사람이 많이 있다. 우리나라도 이런 형태로 갈 것이라고 예상된다. 미국과 이웃나라 일본의 경우 리츠 주식을 사 놓고 부동산 임대료를 받듯, 주기적으로 배당을 받아 생활하는 사람들의 비율이 한국에 비해 상당히 높다. 최근에는 우리나라에도 미국 배당주들을 사모아서 연금 생활과 같은 구조를 만들어 가는 사람들이 점점 늘어나는 추세다. 앞으로 우리나라도 금융소득을 중심으로 노후설계를 해야 하는 상황이 닥칠 것이라서, 고배당주나 특히 리츠에 대한 관심은 점점 커질 것으로 예상된다. 리츠에 대해서는 나중에 자세히 다룰 것이다.

___ 모두가 윈윈할 수 있는 투자

주식투자를 하는 사람들 중에는 상투를 잡았다거나 탈출을 못해 오래 버티기를 억지로 한다는 둥, 마치 주식투자를 폭탄 돌리기처럼 여기는 사람들이 있다. 내가 벌고 나오면 남은 손해를 보고 반대로 남이 이득을 보면 내가 손해를 보는 투자 구조가 과연 정상적이고 바람직한 투자 형태인가? 한번은 유튜브 채널에서 이런 폭탄 돌리기식 투자를 어떤 타이밍에 들어갔다가 언제 매도하고 나와야 하는지에 대한 노하우를 강의하는 왕개미 투자자의 이야기를 우연히 들은 적이 있다. 참 쓸쓸한 마음이 들었다. 누군가의 피해를 통해 내가 이익을 보는 투자라면 이 얼마나 비인간적인가? 정상적이고 바람직한 투자는 주주가 함께 기업에 투자해서 이익과 성장의 열매를 공유하는 것이다. 고배당주 투자는 정상적으로 접근한다면 누구에게 피해를 줘야 내가 이득을 보는 도박과 같은 투기가 아니다. 투자자 모두가 윈윈할 수 있는 상품들이다. 이런 이유들 때문에 고배당주 투자가 아주 이상적인 주식투자의 섹터라고 하는 것이다. 이런 바람직한 투자 형태를 제쳐두고 투기적 투자를 한다는 것은 그리스도인이나 지혜로운 투자자가 되기를 원하는 사람에게 어울리지 않는 일이다.

___ 성경적인 원칙에 가장 근접한 투자

고배당주 투자는 성경적인 투자 원칙에 가장 근접한 투자 형태다. 앞에서 다루었던 성경적 투자 원칙들과 고배당주 투자의 특징들을 비교해 보면 답을 알 수 있을 것이다. 꾸준히 조금씩 모아 가지만 자산은 복리의 법칙으로 불어나며 마음의 평강을 훨씬 덜 잃고 또 투기적 탐욕과 광기와 거리를 둘 수 있으니 말이다.

1. 성경의 원칙에 가장 부합하는 종목군으로 고배당주 투자를 권유했습니다. 여기에 동의한다면 그 이유는 무엇이며 또 이것과 다른 의견이 있다면 어떤 것인가요?

_____

_____

2. 성경은 꾸준한 수익을 추구할 것을 가르칩니다. 이런 관점에서 복리수익을 추구하는 투자를 해볼 생각이 있나요? 그렇게 하기 위해 어떤 결심이나 변화가 필요할까요? 예를 들어, 투자수익이 났다고 그 수익을 다 즉흥적인 소비로 낭비한 경우들이 있었나요?

_____

_____

3. 고배당주 투자의 장점들 중에 이번 기회에 알게 된 것이 있다면 어떤 것들인가요?

_____

_____

4. 국내 시장에서 고배당을 주며 배당 안정성까지 갖춘 기업을 두 개 이상 찾아봅시다.

_____

_____

5. 한국 시장의 고배당 기업들과 미국 시장의 고배당 기업들의 장단점을 비교해 봅시다.

_____

_____

Chapter 9

산업별

대표 고배당주 종목들

이번 장에서는 한국 주식시장의 고배당 종목에 해당하는 대표 기업들을 예로 들면서 실전에 대한 공부를 하려고 한다. 고배당주 투자는 원리만 알면 미국 시장과 같은 해외 시장에서도 비슷한 방식으로 접근할 수 있다. 하지만 이 책에서는 우리나라의 기업들을 위주로 소개하려고 한다. 참고로 이 책에서 예를 든 고배당 기업들은 현재를 기준으로 언급할 만한 종목들이라는 점을 밝혀 둔다. 하지만 기업과 주식시장은 살아 있는 생명체와 같아 늘 변화하기 때문에 앞으로의 상황이 지금과 같을 것이라는 보장은 없다. 또한 이 실례들은 종목 추천을 위함이 아님을 밝혀 둔다. 종목 선택과 투자는 스스로 공부해서 결정해야 할 일이지 누구의 추천만 듣고 해서는 안 된다. 투자를 스스로 결정하고 그 결과 또한 스스로 책임져야 하는 곳이 바로 주식시장이다. 그렇다면 현재 한국 시장의 대표적인 고배당 종목군과 기업들의 예를 살펴보자.

___ 금융지주사

한국의 대표적인 고배당 종목군은 바로 금융지주사들, 즉 은행들이다. KB금융, 신한지주, 하나금융지주, 우리금융지주, 그리고 기업은행까지 5대 전국구 금융 기업들 외에 지방의 DGB금융지주, BNK금융지주, JB금융지주 등이 고배당을 지급하면서도 안정적인 금융지주사들이다. 금융주는 외국인 지분율이 높아 배당성향이 높은 반면에, PER과 PBR은 매우 낮아 우리나라에서는 늘 저평가 상태에 머물러 있다. 아무래도 관치금융(국가의 정책적 개입)의 모습들이 간혹 보여 저평가를 벗어나지 못하는 것이 아닌가 생각한다. 이것이 투자자에게 꼭 부정적인 상황만은 아니다. 저평가되어 있기 때문에 주가의 하방 안정성도 높고 또 언젠가 상승할 기대를 가질 수 있기 때문이다. 금융지주사들은 은행을 모기업 지주사로 두고 카드사, 보험사, 캐피탈 등을 자회사로 거느리는 구조인데, 기업은행이나 우리금융지주의 경우에는 은행업 편중이 심한 편이다. 우리금융지주는 지금도 종합 금융지주사로 탈바꿈하기 위해 M&A 대상 금융기업들을 찾고 있다. 각금융사의 배당률은 서로 차이가 나는데, 규모가 가장 큰 KB금융이나 자사주 매입과 소각 같은 주주친화적 정책을 더 잘하는 신한지주의 배당률은 타 금융지주사 대비 다소 낮은 편이다. 은행 영업의 핵심은 대출규모와 NIM(Net Interest Margin: 순이자마진)이 주된 구성이므로, 이런 부분의 상황과 변화를 잘 살펴야 한다. 또한 자회사들의 실적도 배당에 영향을 주기 때문에 살펴보아야 한다. 최근에 은행들은 전통적인 연 배당 관행에서 점차 벗어나 반기나 분기 배당으로 배당정책을 바꿔 나가고 있다. 배당으로 생활하는 은퇴자들에게는 좋은 변화라서 반길 만한 일이다. 이러한 변화의 배경에는 한국의 금융 섹터가 점점 선진국형 금융체제로 자리잡아 가는 실정과 외국인을 비롯한 주주들의 요구도 한몫하고 있다.

___ 보험사

금융지주사와 마찬가지로 보험사도 자체 사업으로 발생한 이익을 배당으로 지급한다. 고배당을 주면서 안정성도 뛰어난 보험사들 중에 삼성화재와 삼성생명이 있다. 특히나 삼성화재 우선주는 본주에 비해 배당률이 상대적으로 높은 편이다. 우선주는 기업의 의결권은 없지만 보통주에 비해 이익배당 우선순위도 높고 배당금도 좀 더 높아서, 우선주가 본주에 비해 주가가 낮은 경우에는 배당률이 높아진다. 타 보험사들도 배당을 주는 곳들이 많으니 조사해 보면 좋은 투자 대상을 찾을 수 있을 것이다.

___ 증권사

증권사들 중에도 배당률이 높고 안정성이 괜찮은 회사들이 있는데, 예를 들면 삼성증권, NH투자증권, 대신증권 등의 배당률이 높다. 특히나 대신증권 우선주의 경우에는 시기만 적절하게 매수하면 연 10프로 이상의 배당도 받을 수 있는 증권주다. NH투자증권도 우선주가 본주에 비해 주가도 낮고 배당도 조금 높기 때문에 높은 배당률을 얻을 수 있다. 어떤 투자자는 NH투자증권 우선주를 10여 년 전부터 모아 왔는데, 코로나 위기 초기에 낮은 가격에 추가 매수를 해서 지금은 배당률이 매우 높은 상태다. 이 투자자는 이 주식의 주가가 많이 높아졌던 시기에도 시세 차익을 보기 위한 매도를 하지 않고 계속 들고 있었다. 마치 건물을 쉽게 사고팔지 않듯이 주식을 대하는 형태인데, 여행과 취미활동을 겸하면서 은퇴 이후의 삶을 아주 안정적으로 누리고 있다.

___ 대기업 지주사

한국의 재벌기업들에게는 지배구조, 즉 거버넌스(Governance)가 늘 신경을 곤두세우는 부분이다. 상당수 재벌 기업들은 지배구조를 단단히 하고 원활한 승계구도를 마련하기 위해 지주사(지주회사) 구도로 기업 조직을 개편해 왔다. 지주사란 자회사들의 주식을 소유함으로써 자회사들의 사업 활동을 지배 또는 관리하는 모회사다. 재벌기업의 총수는 이 지주사만 장악하면 그 밑의 다른 자회사들을 장악할 수 있다. 그런데 이런 지주사들의 주식에는 공통적인 특징이 있다. 첫째, 주가가 낮은 소위 "지주사 디스카운트"가 일반적이다. 지주사의 주가가 적정 가치에 훨씬 못 미치는 것이 우리나라의 일반적인 현실이다. 때로는 의도적으로 지주사의 주가를 낮게 관리하는 모습도 보이는데, 그 이유 중 하나는 지주사의 시가 총액이 상속세의 기준이 되기 때문이다. 따라서 재벌기업의 지주사들은 자사의 주식 가격이 너무 높아지는 것을 원하지 않는다. 둘째, 많은 지주사들이 배당 및 고배당 정책을 쓰는데, 여기에는 주주친화적 제스처도 있겠지만, 상속세 마련을 위한 창구로 활용하려는 것이기도 하다. 대주주가 가진 지주사 지분에 고배당을 주면 세월이 흐르면서 상속 재원을 마련할 수 있기 때문이다. 지주사의 경우 낮은 주가와 높은 배당금이 만나면 고배당 주가 되는데, 대표적인 고배당 지주사로는 HD현대, 효성, HL홀딩스 등이 있다. SK나 한화 같은 다른 많은 지주사들도 배당금은 지급하지만 주가에 비례한 배당수익률은 비교적 낮은 편이다. 또한 고배당 정책을 펴는 지주사들에 비해 배당 일관성도 낮은 편이다. 2023년 2분기부터 HD현대는 이전의 반기 배당에서 분기 배당 정책으로 전환했다. 지주사는 제품생산이 주된 활동이 아니며 많은 자회사를 거느리고 있으므로 위험이 분산되어 있고 배당률도 높아 주가의 하방 경직성도 강하고 회귀성도 높은 편이다. 하지만 1년 기준 평균 20~30프로의 가격 범위에서 주가가 움직이기 때문에, 나중에 설명하겠지만 배당 주기와 배당락을 잘 활용하면 훌륭한 시세 차익을 볼 수도 있는 투자 상품이다.

___ **통신사**

한국의 대표적인 통신 대기업은 SK텔레콤, KT, LG유플러스다. 이들 통신사는 경기 방어주로 경기에 크게 상관없이 기업 운영이 되는 곳들이다. 앞으로 인공지능, 로봇 등이 일반화될수록 인터넷망으로 더 많은 수입을 벌어들일 것이므로 미래 성장성도 나쁘지 않다. 3사 모두 배당을 주는데, 배당률이나 배당의 안정성 그리고 배당 성장성에서는 SK텔레콤이 비교적 더 주주친화적이다. 연 4회 분기 배당을 하며 배당률도 높고 배당금도 점증하고 있다.

___ 리츠

리츠는 선진국형 고배당 상품이며 최근에 우리 주식시장에 많이 상장되었다. 리츠에 대해서는 자세한 공부가 필요하니 다음 장에서 따로 자세히 다루겠다.

___ 건설사

건설사 중에도 상대적으로 고배당을 주는 곳들이 있다. 하지만 현재는 건설 경기가 너무 무너지고 불확실한 상황이라 주가도 많이 낮고 배당 안정성도 상당히 훼손되어 있다. 시간이 지나 경기가 회복된다면 배당도 다시 원상 복구될 수 있을 것이다. 초대형 건설사들의 배당률은 많이 높지 않지만, 최근 논란이 많은 GS건설이 초대형 건설사들 중에서는 배당 금액이 상대적으로 높은 편이다. 중형 건설사들 중에서는 동부건설이나 금호건설이 높은 배당 성향을 보여 왔는데, 최근에는 신용 리스크가 발생한 상황이니 건설 업황의 개선이 확인된 후에 투자에 나설 것을 추천한다. 투자자는 업황이 좋지 않아 주가가 바닥을 치는 섹터를 관찰하다가 업황 개선의 시그널이 보이기 시작하면 투자의 적절한 타이밍을 잡아야 한다. 업황 개선과 더불어 그동안 많이 떨어졌던 주가의 회복이 이루어지면 긴 호흡으로 큰 수익을 얻을 수 있기 때문이다. 앞서 언급한 건설사들 외에도 건설 기업들 중에 평상시 고배당을 주는 기업들이 있는데, 이런 기업들을 찾아서 관찰 포트에 담아 놓고 적절한 시기를 기다리는 전략으로 대응한다면 좋은 기회가 찾아올 것이다. 한국자산신탁은 주가 대비 비교적 높은 배당금을 안정적으로 지급하고 있다. 시멘트 회사들 중에서는 쌍용C&E가 대표적인 고배당 기업이다.

___ 고배당 ETF

고배당 개별주들을 선별하는 것도 좋지만, 이미 포트폴리오가 짜인 고배당 ETF 상품들을 활용하는 것도 좋은 투자 방법이다. 전문가들에 의해 이미 검증된 고배당 기업들을 모아서 나온 고배당 ETF 상품들은 단일 종목 투자에서 발생할 위험을 줄여 주는 효과가 있다. 대표적인 종목으로는 TIGER은행고배당플러스TOP10, ARIRANG고배당주, TIGER리츠부동산인프라 등이 있으며, 이외에도 다양한 ETF 상품들이 출시되어 있다. 자신에게 맞는 고배당 ETF 상품들을 찾아서 투자하는 것도 안전성과 수익성 둘 다를 추구하는 데 도움이 될 수 있다.

___ 기타 고배당 주들

앞에 언급한 고배당 종목군들 외에 개별 기업으로 고배당 정책을 펴는 곳들이 있는데 몇 군데만 더 소개하려고 한다.

1) **한국쉘석유:** 부산에 근거를 둔 외국계 윤활유 회사로, 수익의 거의 대부분을 배당으로 지급하고 있다. 외국인 지분이 높은 점이 고배당 정책을 쓰는 이유이기도 한데, 성장성은 크지 않지만 선박용 윤활유의 비중이 늘고 있어서 자동차의 전기차 전환에 따른 윤활유 시장 규모 축소를 어느 정도 상쇄할 수 있을 것으로 예상된다. 매출도 조금씩 늘고 있어 사양 산업은 아니며 배당 정책은 그대로 가져갈 것으로 보여 안정형 투자자의 포트에는 담아볼 만한 기업이다.

2) **현대차우:** 현대차 보통주의 배당률은 평균 수준이지만, 우선주는 보통주에 비해 주가가 낮고 배당금은 조금 많아 배당률이 높은 편이다. 최근에 배당 투자자들 사이에 인기 종목으로 떠오르고 있는데, 현대차의 성장성과 결합해서 투자 매력도가 높은 것 같다.

3) **삼성카드:** 카드 회사들 중에는 독자적으로 상장된 기업이 별로 없는데, 삼성카드는 상장 기업으로 고배당을 주는 편이며, 배당 안

정성도 높은 편이고 최근에 시장 점유율도 높아지고 있는 추세다. 은행과 마찬가지로 금융 위기에 취약한 부분만 조심한다면 안정적인 고배당 투자로는 손색이 없는 기업이다.

4) KT&G: 대한민국에서 최고 수준의 재무구조를 가진 기업이며, 부채 비율도 현저히 낮다. 배당률도 높고 배당 성장성도 좋은 편이다. 꾸준히 배당이 증가하고 있어서 외국인들도 선호하는 기업이다. 무엇보다 기업의 안정성이 아주 우수하고 매출도 꾸준히 늘고 있다. 국내 판매가 정체된 상황이지만, 수출 증가로 정체 이상의 매출 퍼포먼스를 보여 주고 있다. 최근 몇 년 사이에는 주가도 일정 범위에서 움직이고 있는데, 단순히 10~20프로 내외의 수익만 안전하게 원한다면 연초 배당락 이후에 매수해서 연말 배당락 전에 매도하는 전략에 유효한 종목이다.

___ 평범한 배당이지만 매력적인 1등 기업들

삼성전자와 현대차: 이런 업계 부동의 1등 기업들은 우리나라의 대표 기업이면서 고배당은 아니더라도 어느 정도의 배당을 지급하는 기업들이다. 이런 기업들의 경우, 배당은 은행 예금 정도로 생각하고 시

세 차익을 위해 안정적인 투자 대상이 될 수 있다. 특히나 시장의 거시적 상황에 의해 주가가 많이 하락할 때 업종별 1등 기업들을 담아 놓고 기다린다면 시장 상황이 회복될 때 큰 수익을 안겨줄 수 있다. 주식시장의 주가는 미래의 실적이나 업황을 선반영하기 때문에, 업황에 대한 공부를 꾸준히 하는 투자자에게 이런 1등 기업들은 안정적인 장기 투자의 대상이 되기에 아주 매력적이다.

이 외에도 투자자들이 조사하고 찾아본다면 얼마든 우량 고배당 주식을 찾아 낼 수 있을 것이다. 앞서 예를 든 기업들은 고배당 주식들 중 일부에 불과하다. 또 앞으로 우리 주식시장에 더 많은 고배당 우량 기업들이 탄생하기를 기대한다. 또한 기존의 기업들도 앞으로 더 성의 있는 주주친화적 배당 정책을 펴기를 기대한다. 우리나라도 이제는 정책적으로 기업들이 배당을 더 투명하게 하도록 국가 차원에서 지도하는 중이다. 선진국이 될수록 기업과 주식시장 그리고 주주의 역할도 점차 합리적이고 바람직한 방향으로 변화할 것이라고 생각한다. 기업들이 영업활동 이익을 주주들과 공유하는 것을 당연히 여기는 문화가 점점 확대되고 정착되어 주주친화적 분위기가 조성되기를 기대한다. 다시 한 번 강조하지만, 앞에 예를 든 기업들이나 이 책에서 소개하는 기업들은 현재 시점에서 실제적인 공부를 위한 자료들이다. 기업들의 이름을 구체적으로 언급하지 않고 실제적인 공부를 할 수 없는 한계 때문에 부득이 실명들을 언급할 수밖에 없음을 밝혀 둔다. 하지만 기업의 가치는 언제라도 달라지고 변할 수 있는 것이 주식시장의 일상이고 또 이 세상의 이치다. 그러므로 투자에 임할 때 그 시기와 상황에 맞는 기업들을 올바른 투자원칙에 입각해서 공부하고 찾아내는 일은 오로지 투자자의 몫이다.

생각해 볼 질문들

1. 고배당 투자 대상 기업들을 선정할 때 적용해야 할 기준들은 무엇일까요?

---

2. 금융지주사는 투자 대상으로 어떤 장점과 단점을 지니고 있다고 생각하나요?

---

3. 증권사의 주된 수입원은 어떻게 구성되어 있나요?

---

4. 앞서 언급한 ETF들 외에 다른 고배당 ETF 상품들을 찾아보세요.

---

5. 통신사들은 경기 방어주로서 비교적 안정적인 기업들입니다. 하지만 주식시장에서 100프로 안전이란 있을 수 없습니다. 현 정부가 들어선 뒤에도 다시 거론되기 시작한 통신 3사에 대한 리스크는 무엇인가요?

Chapter 10

리츠(REITs)

리츠란 "Real Estate Investment Trust"의 약자를 따서 만든 용어다. 간단히 정의하자면 투자자들의 투자자금으로 부동산이나 부동산 관련 지분을 취득해서 운영함으로 발생하는 수익을 투자자들에게 배당하는 부동산투자신탁을 말한다. 리츠는 수익의 90프로 이상을 주주들에게 배당하도록 법으로 정해져 있으므로 임대수입과 배당분배가 주된 설립 목적이다. 리츠를 구성하는 3대 요소는 자산관리회사(AMC), 운용자산(AUM), 그리고 투자자들(주주)이다. 은행보다는 높은 수익을 추구하면서 주식보다는 변동성이 적은 상품으로 안정적이고 일정한 수익을 추구하는 투자자들에게 인기가 많은 상품이다. 리츠는 선진국에서 많이 발달한 투자상품으로 특히나 은퇴 생활자들에게 인기가 높은 투자처이다. 리츠를 "또 하나의 연금"으로 보는 이유도 여기에 근거한다. 우리나라도 이제 본격적으로 리츠 투자가 이루어지고 있으며 앞으로 그 규모는 점점 늘어날 전망이다. 최근에는 삼성그

룹도 리츠 상품을 출시하며 리츠 대열에 동참하였다.

___ 한국 리츠의 간략한 역사와 현황

한국 시장에서 리츠가 최초로 나온 것은 2001년이지만, 개인 투자자들이 접근할 수 있는 주식시장 내 투자 상품으로 본격 출시되기 시작한 것은 2018년도부터다. 2022년 6월 말을 기준으로 국내에는 총 332개의 리츠가 운용되고 있으며, 그 가운데 21개가 주식시장에 상장되어 개인 투자자들의 선택을 받고 있다. 국내 리츠 시장의 규모는 2022년 6월 말을 기준으로 총 80조 원을 넘어섰다. 이 중 상장 리츠의 시가 총액은 8조 원이다. 미국이나 이웃나라 일본과 비교하면, 경제 규모를 감안하더라도 한국의 리츠 시장은 규모가 아주 작은 편이다. 하지만 앞으로 우리나라도 리츠 시장의 규모가 점점 커질 것이고 또 주식시장에서 차지하는 비중도 높아질 것이다. 리츠에 대해 미리 공부해 놓는다면 배당 투자자는 물론이고 안정적인 노후준비를 염두에 둔 투자자들에게도 큰 도움이 될 것이다.

	한국	일본	미국
상장 리츠 수	19개	60개	217개
시가 총액	8조	169조	2,107조
배당 수익률	7.7%	6.5%	3.2%

도표에서 보듯이, 한국의 리츠 산업은 앞으로도 많은 잠재적 성장 가능성을 지니고 있으며 배당 수익률도 상대적으로 높은 수준이다. 앞으로 저금리 상황의 도래, 소규모 상업용 부동산 투자의 위험성과 낮은 수익률, 그리고 유동성과 안정적 배당 수익 선호현상 등을 고려해 볼 때, 리츠는 점점 많은 투자자들의 선택을 받을 것으로 기대된다. 최근에 중소형 상가 투자의 위험성이 부각되고 있다. 인구 감소와 온라인 상거래 증가로 중소형 상가의 공실률이 많이 높아졌기 때문이다. 노후 준비로 중소형 상가나 꼬마빌딩에 투자했다가 낭패를 보는 일도 자주 일어나고 있다. 리츠도 상업용 부동산을 대상으로 하는 투자 상품이긴 하지만, 리츠가 주로 투자하는 대형 오피스와 같은 섹터는 공실률도 매우 낮고 임대료도 상승 추세라서 안정적인 부동산 투자 섹터다. 하지만 대형 오피스나 복합형 리테일 상가, 물류센터 등은 개인 투자자가 독자적으로 접근하기가 불가능하다. 리츠는 개인 투자자들이 주주로 참여하여 대형 부동산의 공동 소유주가 되는 개념이라, 이전에 불가능했던 부동산 상품에 대한 투자가 가능해졌다. 현재 강남권이나 여의도권의 대형 오피스 시장은 공실률도 거

의 없고 임대료 상승도 꾸준한 편이다. 중소형 상가 시장과는 완전히 차별화된 모습이다.

___ 리츠 관련 용어 정리

리츠 업계에서 사용하는 용어들을 알아야 리츠 관련 정보의 내용을 이해할 수 있고, 똑똑한 투자도 할 수 있다. 대표적인 리츠 관련 용어 들을 정리해 보자.

1) **AMC:** "Asset Management Company"의 약자로, "자산 관리회 사" 또는 "자산 운용사"라는 뜻이다.

2) **AUM:** "Asset Under Management"의 약자로, "운용자산"이라는 뜻이다.

3) **NAV:** "Net Asset Value"의 약자로, "순 자산 가치"라는 뜻이다. 기업의 자산에서 부채를 뺀 가치가 순 자산 가치다.

4) **NOI:** "Net Operating Income"의 약자로, "순 영업 이익"이라는

뜻이다. NOI는 총 수익(Gross Income)에서 공실(Vacancy)과 각종 운영 경비(Operating Expenses)를 제외하고 남은 수익을 말한다.

5) **NOC**: "Net Occupancy Cost"의 약자로, "전용 면적당 임대료(임대료+관리비)" 또는 "순 점유 비용"을 뜻한다. 이는 임차인이 실제 사용하는 전용 면적당 지불하는 비용을 의미한다. NOC는 평당 보증금에 이자율을 곱하고 평당 임대료와 관리비를 더한 뒤 전용 면적으로 나눈 값이다.

6) **Cap Rate**: "자본 환원률" 또는 "투자 수익률"이며 연간 순수익(NOI)을 부동산 매입 가격으로 나누어서 100을 곱한 것이다. 쉽게 말해 상업용 부동산에 투자했을 때 1년에 얼마를 벌 수 있는가를 수치로 표현한 것이다.

7) **CAGR**: "Compound Annual Growth Rate"의 약자로, "연평균 성장률"을 뜻한다.

8) **CPI**: "Customer Price Index"의 약자로, "소비자 물가지수"를 뜻한다. 리츠의 임대계약에서 임대료 상승률의 기준으로 삼는 대표적인 지수다.

9) **Cash Trap:** "현금 유보 의무"라는 뜻이다. 보유 자산의 감정 평가
액이 하락할 경우, 자산 가치에 대한 기존 대출의 비율이 커질 경우
에 대비해 현금을 일정 부분 쌓아 놓아야 하는 의무를 말한다. 자산
가치가 하락할 경우 기존 담보대출의 LTV(Loan to Value, 담보대출비율)
가 기준치를 넘어서게 되는데, 이럴 때를 대비해 현금을 유보할 의
무를 말한다.

10) **CBD:** "Central Business District"의 약자로, "중심 업무 지구"
라는 뜻이다.

11) **GBD:** "Gangnam Business District"의 약자로, "강남권역"을
뜻한다.

12) **YBD:** "Yeouido Business District"의 약자로, "여의도권역"을
뜻한다.

13) **BBD:** "Bundang Business District"의 약자로, "분당권역"을 뜻
한다.

성경에서 배우는 주식투자

___ 리츠 투자 시 고려할 사항들

1) **개별 리츠 분석:** 리츠 투자도 여러 리츠로 투자를 분산해서 포트폴
   리오를 짜는 것이 현명한 방법이다. 이렇게 하면 위험 분산의 효
   과 외에도 배당 주기를 다양하게 가져갈 수 있어서, 원활한 현금
   흐름을 만들 수 있다. 리츠마다 배당의 주기와 산정월이 달라서
   포트폴리오를 잘 구성하면, 주기적인 배당 소득 흐름을 만들 수
   있어서 특히나 은퇴 생활자들에게는 연금 같은 역할을 할 수 있
   다. 어떤 리츠들로 포트폴리오를 구성할지 또 어떤 비중으로 각각
   의 리츠에 투자금을 할당할지를 정하기 전에 우선 개별 리츠에 대
   해 분석해야 한다. 리츠의 투자 섹터 구성과 장래성, 운영 주체의
   능력과 도덕성, 그리고 배당률과 배당 주기 등을 종합적으로 분석
   하여 투자 대상 리츠들을 선정하는 것이 첫 번째 할 일이다. 또한
   한 종류의 부동산에 집중하기보다 오피스, 리테일, 물류, 해외 부
   동산 등 다양한 상품으로 포트폴리오를 구성하는 것을 추천한다.
   이렇게 하면 어느 한 섹터에 불안 요인이 발생했을 때 위험을 분산
   시킬 수 있다.

2) **기대 수익률 및 안정성:** 기대 수익률을 따질 때 가장 눈에 들어오
   는 것은 투자 시점의 배당률이다. 그리고 장래 성장성이 큰 경우
   에는 리츠 주가의 변동에 따른 시세 차익도 바라볼 수 있다. 그러

나 이처럼 눈에 바로 띄는 숫자 외에도 고려해야 할 사항들이 있는데, 예를 들어 미래의 안정성 같은 것이다. 운용사가 계획한 배당을 안정적으로 지급할 수 있는지 체크해야 하며, 배당금의 증가나 감소 요인들을 점검해야 한다. 임대료의 상승은 배당의 증가를 의미하며, 보유 자산의 가치 상승도 미래의 어느 시점에 자산을 매도할 때 차익에 대한 특별 배당을 기대할 수 있다. 또한 리츠사 보유 자산의 가치 변화 가능성도 들여다봐야 한다. 예를 들어 대형 오피스의 경우, 공실 우려는 없을지 그리고 건물의 노후화에 따른 리모델링 비용이 발생할지 등을 점검해야 한다. 물류에 투자하거나 판매용 리테일 시설에 투자하는 리츠의 경우 앞으로 공급 과잉의 문제는 없을지, 해당 시설의 입지 조건은 어떤지 등을 조사하고 공부해야 한다. 더불어 차입금의 규모와 금리 그리고 리파이낸싱 도래 시점의 예상 금리 등도 고려의 대상이다.

3) **자산 변경(편입과 편출):** 일반적으로 리츠의 운용사들은 처음에 출발한 운영 자산에 새로운 자산을 편입해서 규모를 늘리려고 한다. 또한 가격이 오른 부동산을 매도한 뒤 매매 차익을 배당재원으로 쓰고 나머지 자금으로 새로운 부동산을 취득하기도 한다. 이러한 변화들은 해당 리츠의 주가와 기업 가치에 영향을 끼침으로 잘 체크하여야 한다. 운용사가 자산을 늘려 나가는 것이 주주에게 좋을 수도 있지만, 운용사가 단순히 운용 자산의 규모를 키워 수수료를

더 챙기려는 경우도 종종 있기 때문이다. 따라서 자산 편입의 시도가 있다면 그 자산의 가치와 편입 가격 그리고 자금 조달 방법과 금리 등을 잘 살펴 배당이나 주가에 어떤 영향을 미칠지 알아보아야 한다. 공시 정보나 리츠 운용사 자체 리포트 등을 챙겨 보아야 하고, 필요하면 IR 담당자와 통화해야 한다. 하지만 이런 일이 자주 일어나지는 않기에, 그다지 많은 시간과 노력을 요구하지는 않는다.

4) 금리의 변화: 리츠는 금리의 변화에 아주 민감한 섹터다. 리츠의 투자금은 대부분 주주들의 출자금과 더불어 차입금, 즉 대출이나 회사채 등으로 구성되어 있기 때문이다. 이것은 상업용 부동산을 구입할 때 대출을 통해 레버리지 효과를 노리는 것과 같은 이치다. 따라서 금리의 상승은 이자 지급 비용의 증가와 배당금의 축소를 의미한다. 따라서 금리가 높을 때는 배당금도 축소될 수 있고 리츠의 주가도 덩달아 낮아진다. 하지만 금리가 다시 낮아지면 배당금도 높아지고 주가도 덩달아 높아지기 때문에 시기를 잘 활용하면 배당금과 주가 상승의 두 마리 토끼를 잡는 투자가 가능하다.

5) 리파이낸싱 주기: 금리의 변화가 리츠의 배당금과 주가에 영향을 미치기 때문에 현재 차입금의 규모와 금리도 중요하지만, 각 차입금의 만기가 언제 도래하는지 또 리파이낸싱을 할 때 예상 금리는 어

떨지에 대한 사항도 고려해야 한다. 최근 고금리 상황에서 리파이 낸싱이 도래한 리츠들의 경우 배당도 축소되고 주가도 하락하는 곤욕을 치른 기업들이 많았다. 하지만 금리가 내려가면 배당도 다시 회복할 수 있고 주가도 제자리를 찾을 수 있을 것이다.

6) **자산매각**: 리츠의 AMC(자산 운용사)들은 보유 자산이 일정 기간 지난 후 가치가 오르면 매각해서 새로운 자산으로 갈아타기도 하는데, 이럴 때는 매각 차익이 주주들에게 특별 배당으로 돌아간다. 매각 시세 차익이 클수록 특별 배당의 규모도 커지는데, 이럴 때는 특별 배당 외에 주가도 상승하는 좋은 모습을 보이게 된다.

7) **유상증자**: 유상증자를 통해 AMC가 AUM(운용자산) 추가 편입과 규모 확장을 하려고 할 때는 주주와 주가에 호재가 될 경우도 있고 악재가 될 경우도 있다. 추가 편입 자산이 우량하고 배당에도 긍정적이면 주가에 호재로 작용하겠지만, 추가 편입 자산이 매력적이지 않거나 배당훼손이 예상될 경우 주가와 주주에게는 부정적인 요소가 된다. 굳이 이런 부정적인 자산 편입을 하려는 운용사들이 있는데, 운용사들은 자산 규모에 따른 운용 수수료를 받기 때문에 주주의 이익과 관계없이 규모 확장에 나서는 경우도 있다. 리츠를 투자할 때는 운용 자산의 건전성은 물론 운용사의 도덕성도 살펴보아야 한다. 이럴 때는 뜬소문에 귀 기울이지 말고 뉴스와 공시

를 면밀히 분석해 상황을 제대로 파악한 뒤 필요하다면 적절한 비중조절을 해야 한다. 필요하다면 IR 담당자에게 추가로 궁금한 부분을 질문하는 것도 좋은 방법이다.

8) **본질의 변화가 없는 주가하락은 매수 기회**: 리츠도 주식이기 때문에 주식시장의 분위기에 따라 이유 없는 하락이 발생하기도 한다. 전체적인 시장의 분위기가 좋지 않거나 수급에 의해 본질 가치의 변화와 무관하게 가격이 하락할 때가 있다. 이럴 때 지혜로운 투자자라면 여력이 되는 만큼 추가 매수의 기회로 활용할 것이다. 리츠의 배당만 확실하다면 주가는 다시 원래 가치로 회귀할 것이기 때문이다.

9) **펀더멘털에 마음을 두라**: 주가는 늘 변한다. 오르기도 하고 내리기도 한다. 그런데 리츠 투자는 AMC와 AUM의 펀더멘털 그리고 거시적 시장 흐름에 의미 있는 변화가 없다면 크게 신경 쓰지 않아도 되는 편안한 투자 상품이다. 임대료가 제대로 나오면, 건물주가 건물 값이 조금 왔다 갔다 한다고 해서 크게 신경 쓰지 않는 것과 같은 이치다. 리츠 투자자는 자신이 건물주라는 마음을 가지고 주가의 작은 등락에 일희일비하지 말아야 한다. 리츠 투자의 특성들이 성경적인 투자 원칙에 부합하는 것들이 많으므로 투자자는 리츠 투자의 장점들을 누릴 수 있다. 리츠 투자와 탐욕과 광기는 별

로 어울리지 않는다. 다른 투자 형태에 비해 마음도 훨씬 덜 불안한 투자 상품이다.

___ 국내 주요 상장 리츠 현황

(2023년 12월 현재)

리츠명	상장일	배당기준월	자산운영사	주요 투자 섹터
이리츠코크렙	2018. 6. 27.	6, 12월	코람코자산신탁	리테일
신한알파리츠	2018. 8. 8.	3, 9월	신한리츠운용	오피스
롯데리츠	2019. 10. 30.	6, 12월	롯데AMC	리테일
NH프라임리츠	2019. 12. 5.	5, 11월	NH농협리츠운용	오피스
이지스밸류리츠	2020. 7. 16.	2, 8월	이지스자산운용	복합형
이지스레지던스리츠	2020. 8. 5.	6, 12월	이지스자산운용	주택
미래에셋맵스리츠	2020. 8. 5.	5, 11월	미래에셋자산운용	리테일
제이알글로벌리츠	2020. 8. 7.	6, 12월	제이알투자운용	오피스(해외)
코람코라이프인프라리츠	2020. 8. 31.	5, 11월	코람코자산신탁	주유소 등
ESR켄달스퀘어리츠	2020. 12. 23.	5, 11월	켄달스케어리츠운용	물류창고
디앤디플랫폼리츠	2021. 8. 27.	3, 9월	디앤디인베스트먼트	오피스
SK리츠	2021. 9. 14.	3, 6, 9, 12월	SK리츠운용	오피스 외
NH올원리츠	2021. 11. 18.	6, 12월	NH농협리츠운용	오피스
미래에셋글로벌리츠	2021. 12. 3.	3, 9월	미래에셋자산운용	물류창고(해외)
신한서부티엔디리츠	2021. 12. 10.	6, 12월	신한리츠운용	리테일

코람코더원리츠	2022. 3. 28.	2, 5, 8, 11월	코람코자산신탁	오피스
마스턴프리미어리츠	2022. 5. 31.	3, 9월	마스턴자산운용	오피스(해외)
KB스타리츠	2022. 10. 6.	1, 7월	KB자산운용	오피스
한화리츠	2023. 3. 13.	4, 10월	한화자산운용	오피스
삼성FN리츠	2023. 4. 10.	1, 4, 7, 10월	삼성자산운용	오피스

이 외에도 에이리츠, 케이탑리츠, 모두투어리츠 등이 있으며 리츠 투자를 위한 ETF 상품들도 시장에 나와 있다. 한국에 아직 월 배당 리츠는 없다. 하지만 배당 시기의 기준이 다양한 반기 및 분기 배당 리츠들의 포트폴리오를 잘 구성하면 좀 더 촘촘한 배당 수입 흐름을 만들 수 있다.

엄밀하게 리츠라고 볼 수는 없으나 리츠와 성격이 아주 흡사한 맥쿼리인프라는 우리나라의 도로를 비롯한 사회 간접 자본에 투자하여 고속도로 통행료나 사용료 수입을 재원으로 투자자들에게 배당을 주는 고배당 기업이다. 이 주식을 보유하면서 매년 배당을 받았다면 고배당 수익과 더불어 시세 차익도 크게 볼 수 있었던 종목이다. 배당 재원이 늘어남으로 인해 배당도 증가했지만, 주가도 상장 초기인 2007년의 3천 원대에서 지금은 1만 2천 원을 상회하고 있어 약 네 배의 상승을 했다. 지금 나와 있는 리츠 상품들 중에서도 안정적으로 성장할 종목을 잘 고른다면 편안하게 배당을 받으며 세월이 흐름에 따라 주가의 상승도 기대할 수 있을 것이다.

1. 리츠를 부동산과 주식투자라는 관점에서 정의해 봅시다.

_____

_____

2. 리츠 기업들 중에서 옥석을 가리려면 어떤 기준들을 적용해야 할까요?

_____

_____

3. 리츠와 금리와의 상관관계를 설명해 봅시다.

_____

_____

4. 앞으로 전망이 좋을 리츠 분야는 어떤 분야라고 생각하나요? 그 이유는 무엇인가요?

_____

_____

5. 리츠와 유상 증자의 관계를 생각해 봅시다. 리츠 기업들이 유상 증자를 하려는 이유와 유상 증자의 내용이 주가에 미치는 영향 등에 관해 설명해 봅시다.

_____

_____

Chapter 11

고배당주 투자의 노하우

모든 투자에 투자 노하우가 있듯이, 고배당주 투자에도 투자 노하우가 있다. 투자 노하우가 쌓이려면 장기간의 경험이 중요하다. 한두 해 경험으로는 노하우를 제대로 정립할 수 없다. 또한 개인의 독특한 경험을 투자 노하우로 일반화해서도 곤란하다. 노하우란 개인의 체험이면서 동시에 객관적으로 타당한 합리성을 지니고 있어야 한다. 개인 투자자들 사이에는 "이렇게 하니까 돈을 벌더라" 내지는 "이렇게 하니까 망하더라" 등의 투자 체험담들이 있는데, 어떤 사람들은 그러한 체험담 안에 갇혀 더 넓고 지혜로운 그리고 확률로도 검증된 투자 노하우에 귀를 기울이려 하지 않는다. 운이 좋아서 우연히 좋은 수익을 내고는 그것이 정설인양 다음 투자에서 재현하려다가 낭패를 보는 경우가 많이 있다. 예를 들어 "상한가나 하한가 투자 노하우"라는 것이 있는데, 맞을 때도 있지만 틀릴 경우도 생기는 도박과 같은 논리일 뿐이다.

자신의 주관적이고 한정적인 경험에 갇힌 투자자는 더 이상 성장할 수가 없다. 모든 투자자는 늘 배우려는 자세를 유지하여야 한다. 생각하기도 싫고 배우기도 싫다면서 투자의 세계에 머물러서는 곤란하다. 주식시장이라는 링에서 나가떨어지지 않고 버티려면 많은 공부와 훈련 그리고 연습이 필요하기 때문이다. 심지어 이 장에서 소개하는 고배당주 투자의 노하우도 투자에 관한 지혜의 끝판왕은 아니다. 더 좋은 지혜와 방법이 얼마든 나올 수 있으며 또 나와야만 한다. 지속적으로 변하는 시장은 기존의 방법들과 지혜에도 변화를 요구하기 때문이다. 이 장에서는 일반적인 고배당주 투자 노하우를 몇 가지 소개하려고 한다. 물론 이 노하우들은 실행을 통해 검증된 것들이지만, 더 많은 지혜가 얼마든 보태질 수 있다.

___ 고배당주 선정의 기준

고배당 주식 투자를 위해서는 우선 고배당 기준에 부합하는 기업을 찾아내야 한다. 투자에 적합한 고배당주를 고르려면 몇 가지 기준을 가지고 기업을 골라야 한다. 첫째, 꾸준한 배당성향이다. 1~2년 배당을 높게 주는 기업이 아니라 적어도 5년 이상 꾸준히 고배당을 주는 기업을 골라야 한다. 물론 금융 위기 같은 특수한 상황에 모든 기

업이 배당을 줄인 경우는 예외가 될 수 있다. 둘째, 배당금이 우상향
하거나 적어도 줄어들지 않는 기업이 좋은 투자 대상이다. 이런 기업
은 주주친화적 성향을 보이며 배당성향(기업이 벌어들인 수익을 배당 재원으로 활
용하는 비율)도 높여 나가려고 노력하는 기업이다. 대표적으로 우리나라
의 금융지주들은 배당성향을 높여 나가려고 노력한다. 하지만 때로
국가의 개입 때문에 차질이 발생하기도 한다. 셋째, 기업 가치가 높
아지는 기업이 좋은 투자 대상이다. 매출과 영업 이익이 거시적 관점
에서 증가하는 기업이 안정적인 배당을 보장할 수 있다. 기업 가치의
하락이 예상되는 사양 산업은 고려해 보아야 한다. 급격한 가치 하락
이 아니라면 일시적으로 투자 대상에 포함시켜도 무방하다. 최근에
인기를 끌기 시작하는 리츠 주식들은 위험 요소만 잘 관리하면 배당
도 꾸준히 늘어갈 주식이다. 리츠의 투자 대상 부동산들은 대부분 물
가상승률에 버금가는 임대료 인상을 목표로 하기에 배당도 증가할
가능성이 크다. 미국이나 일본처럼 리츠의 역사가 오래된 나라들의
리츠 주식들은 대부분 배당과 주가가 시간이 흐름에 따라 우상향하
는 모습을 보여 주었다.

___ 배당 주기에 따른 고배당주의 분류

투자할 만한 고배당 기업들이 정해졌다면 정해진 기업들을 분류해야 하는데, 이 때 긴 호흡으로 접근할 기업과 중간 호흡으로 접근할 기업을 선별한다. 중간 호흡은 6개월에서 1년 동행하는 것을 말하고 긴 호흡은 수년간 동행하는 것을 말한다. 고배당주 투자에서 단타나 짧은 호흡의 접근은 어울리지 않는다. 성경적 투자 원칙을 다룰 때 우리는 일정 기간 이상의 숙성 기간을 두고 하는 투자가 투자의 정석임을 배웠다. 그렇다면 어떤 기업을 긴 호흡으로 가져가고 어떤 기업을 중간 호흡으로 가져갈지 정하는 기준은 무엇일까? 그것은 배당 주기다. 우리나라의 배당 기업들은 과거에는 주로 연 배당, 즉 1년에 한 번 주로 12월 말을 기준으로 배당금을 지급했다. 하지만 금융시장의 선진화로 주식시장이 발전하면서 점차 반기 배당이나 분기 배당으로 나아가는 추세다. 하지만 현재로는 연 배당 정책을 고수하는 기업들이 상대적으로 더 많은 상황이다. 얼마 전까지는 미국처럼 월 배당 정책을 펴는 기업이 거의 없었으나, 최근에는 월 배당형 ETF 상품들도 속속 출시되고 있다. 이런 월 배당 상품들은 연금처럼 매달 배당을 받아 생활하려는 투자자들에게 알맞은 상품이다. 배당 주기가 짧은 주식은 시세의 변동폭이 적어 시세 차익보다 배당에 중점을 둔 투자자에게 적합하다. 배당 주기가 짧기로는 금융주와 리츠주들 중에 분기 배당이나 반기 배당을 주는 기업들이 많이 있다. 통신주 중에서도 SK텔레콤은 일찍부터 분기 배당을 실시하고 있다. 이러한 배당 주기의 차이가 어떤 기업의 주식을 긴 호흡으로 가져갈지 중간 호흡으로 가져갈지에 대한 중요한 기준이 된다. 물론 절대적 기준이라는 말은 아니다. 주시시장에서 절대적 기준은 있을 수 없다. 또한 한 사람의 투자 원칙이 모두에게 적용되어야 하는 것도 아니다. 이런 저런 이야기를 들어보고 자신만의 원칙을 세우는 것이 중요하다. 지금 소개할 원칙을 투자 방법의 좋은 예 중 하나라고 생각해 주면 좋겠다.

배당 주기가 분기처럼 짧은 기업의 주식은 긴 호흡으로 가져가는 것이 합리적이다. 배당 주기도 짧고 배당금의 비율도 연 배당의 6~9프로에 비해 4분의 1밖에 안 되기 때문에, 배당락에 의한 주가의 출렁임도 적어 배당을 받으면서 들고 가도 큰 지장이 없는 편이다. 하지만 1년에 한 번 연말에 배당을 정하는 기업들은 배당 기준일 다음날인 배당락일에 주가의 출렁임이 심한 편이다. 거의 배당금에 해당하는 배당락이 발생하는데, 많은 경우 이 한 번의 하락으로 끝나지 않고 며칠 내지 몇 주간에 걸쳐 지속적인 하락 모드로 가곤 한다. 알을 낳던 닭이 알을 낳지 못하면 값이 떨어지는 것처럼, 배당 이후의 배당주들은 주가의 힘을 잃게 된다. 이런 연 배당 주식들은 중간 호흡으로 가져가는 전략을 취하는 것이 수익에 도움이 된다.

___ 배당 주기에 따른 각각의 투자 노하우

고배당주들의 다양한 배당 주기는 투자자들에게 연 배당주의 투자에 있어 수익 극대화를 위한 모형을 만들 수 있는 힌트를 줄 수 있다. 즉, 계속 들고 가기보다는 배당 산정일 전에 전부 혹은 일부를 정리하고 가는 것이 더 높은 수익을 얻는 길이 될 수 있다. 배당 수익만을 목적으로 투자하고 있다면, 연 배당 주식의 경우에도 매년 말을 기준으로 배당을 받다가 큰 시세의 변동에만 대응하면 된다. 그런데 이런 방식이 지루하거나 좀 더 높은 수익을 원한다면 연 배당 주식의 경우 배당 전 매도가 좋은 선택이 될 수 있다. 그 이유와 방법에 대해서는 "농사기법"을 소개할 때 자세히 설명할 것이다. 반면에 분기 배당 주식의 경우에는 긴 호흡으로 가져가면서 분기별로 배당을 받는 것이 좋은 선택이다. 중간에 큰 시세 차익을 준다면 매도 후 더 희망적인 다른 고배당 기업에 투자하거나 같은 종목의 다음 기회를 노릴 수 있다. 반기 배당의 경우 반기에 연간 총 배당금의 몇 프로를 주는지에 따라 투자 접근이 달라야 한다. 반기 배당이라고 해서 반드시 1년 배당의 절반을 준다는 뜻은 아니기 때문이다. 많은 기업이 상반기에 적은 금액을 지급하고 연말에 1년간의 예상 실적을 바탕으로 제대로 된 배당을 주기 때문에, 그 비율에 따라 짧은 호흡과 긴 호흡을 선택하면 된다. 또한 매도와 매수를 전량 매도와 전량 매수로 이해하면 안 된다. 종목의 특성과 시장의 상황에 따라 매수와 매도 분량을 정해야 한다. 도박장의 올인처럼 극단에 치우치는 모습은 투자에서 실수와 실패를 가져올 때가 많기 때문에, 전량 매도와 전량 매수는 특수한 경우에만 택해야 할 매매 방법이다. 고배당주 투자는 안전과 수익을 함께 고려해야 한다. 그러려면 지나친 욕심을 삼가야 한다.

___ 농사기법

연 배당 기업의 투자 기법에 대해 좀 더 자세히 살펴보자. 예를 들어 농사에는 1년을 기준으로 씨를 뿌리는 시기와 수확하는 시기가 있다. 전도서 11장은 이러한 농부의 마음이 투자자의 마음이 되어야 함을 암시적으로 가르치고 있다. 연 배당 기업에 투자를 한다면 1년에 한 번 특히나 매년 12월이 수확기이기 때문에, 농부처럼 1년을 주기로 투자 계획을 짤 수 있다. 농부는 봄에 씨를 뿌리고 가을에 수확을 한다. 연 배당 주식들도 이런 주기로 투자하면 좋은 수익을 기대할 수 있다. 연 배당 주식은 연말 배당락으로 주가가 확 떨어지고 그후에도 배당주로서의 매력이 떨어져 주가가 하락하는 경향이 높다. 일반적으로 1월초에서 2월 사이에 주가가 연저점을 찍는데, 이 시기에 분할 매수를 해 놓고 기다리다가 배당 기준일인 연말 전 주가가 최고점을 찍을 무렵 분할 매도를 한다면 배당보다 높은 수익을 기대할 수 있다. 이런 농사기법으로 연 배당 주식에 투자할 경우 평균 약 15~20프로의 수익을 기대할 수 있기 때문에, 단순히 배당을 받는 것보다는 높은 수익을 기대할 수 있다. 어떤 경우에는 1년 이모작도 가능한데, 연초에 매수한 주식이 겨울이 되기 전에 큰 출렁임이 있을 때는 중간에 일부 매도 후 다시 매수하는 이모작이 가능할 때가 있다. 기회는 예고 없이 찾아오기 때문에 이런 기회를 스스로 만들려고 하면 실수하게 된다. 오는 기회를 기다리면서 잡을 준비를 하는 사람이 지혜로운 사람이다. 최근에는 연 배당 기업들의 배당 기준일도 기존의 획일적인 연말 배당에서 바뀌는 추세다. 일부 연 배당 기업들은 연말결산을 마치고 배당액과 배당일을 미리 공시한 뒤 4월 배당으로 전환하는 쪽으로 기울고 있다. 이러한 변화에 맞추어 투자하려면 개별 기업의 배당 일정을 확인하는 수고가 필요하다. 자신의 포트폴리오에 들어 있는 기업들만 대상으로 배당 일정을 확인한다면 많은 시간이나 노력이 들지는 않을 것이다.

___ 진입시기

세상 모든 일에는 때가 있고 또 적절한 타이밍이 있다. 주식투자도 마찬가지다. 주식을 매수할 타이밍이 있고 매도할 타이밍도 있다. 그렇다면 어떻게 매수 타이밍과 매도 타이밍을 결정할 수 있을까? 자신이 투자를 결심한 기업의 주식을 언제 매수해야 할까? 앞에서 고배당 주식의 매수 시기에 대해 잠깐 언급을 했다. 그런데 연 배당 기업의 경우 1월이나 2월이 매수 타이밍이라면, 언제 매수하는 것이 가장 좋을까? 답을 하자면, 정확하게 가장 좋은 시기를 찾기는 불가능하다. 하지만 고배당 주식의 경우 거시적 시황의 변수와 돌발적인 기업 변수를 배제하면 주가는 어느 정도의 범위 안에서 움직이는 경향이 있다. 과거의 데이터를 살펴보면 현재의 주가 변동 폭을 대충 짐작할 수 있다. 기술주나 성장 주도주는 움직임의 폭이 아주 커서 범위를 예측한다는 것이 거의 불가능하다. 하지만 배당주, 특히나 고배당주는 범위의 예측이 비교적 용이하다. 그렇다면 해당 기업의 주가가 하단 범위로 내려왔을 때가 매수를 시작할 타이밍이다. 이때는 진입 시기이지 몰빵 시기가 아니다. 고배당주는 테마주처럼 몰빵 투자를 하는 투자가 아니다. 저점 부근에서 일정 기간 분할로 매수해서 평균 단가를 낮게 형성하는 것이 옳은 방법이다. 지금이 완전 저점이라는 강한 확신이 있다면 그 종목에 투자자가 할당한 자금의 대부분을 바로 투자할 수 있겠지만, 그렇지 않은 경우에는 저점을 지나가면서 분할 매수로 대응하는 편이 훨씬 안정적이고 효과적이다. 또한 이렇게 분할 매수로 대응하는 것이 욕심에 끓는 투자 습관을 멀리하고 냉철한 분석형 투자자로 스스로를 가꾸고 유지하는 데 많은 도움이 된다.

___ 주가 변동에 따른 시세 차익

어떤 투자자들은 큰 수익을 얻을 수 없어 배당주 투자는 피한다고 한다. 맞는 말이다. 기술주나 테마주와 같은 큰 시세 변동은 자주 일어나지 않는다. 하지만 단기간 고수익을 맛본 투자자들 중 많은 사람이 결국 주식시장의 패자가 되는 현상을 본다면, 성경이 가르치는 원칙에 따라야 함을 인정하게 될 것이다. 성경은 '쉽게 얻은 재산은 줄어든다'고 했고 '차근차근 모은 재산이 늘어난다'고 했다(cf. 잠언 13장 11절). 마음의 평강도 무시 못 할 요소다. 하지만 고배당주 투자라고 해서 큰 수익을 얻을 기회가 전혀 없는 것은 아니다. 여기서 큰 수익이란 테마주처럼 단기간에 얻는 몇 배의 수익을 말하는 것이 아니다. 그저 몇십 프로의 수익을 말한다. 하지만 이것도 일반적인 투자에서는 큰 수익이다. 어떤 배당 투자자는 하나금융지주 주식을 투자해서 배당을 받다가 3만 원대에 매수한 주식이 5만 원이 되어 큰 수익을 낸 뒤 매도를 하고 다시 주가가 내려갔을 때 재매수를 했다고 한다. 약 70프로 가까운 시세 차익의 수익을 낸 것이다. 배당주식 투자를 하다 보면 자신이 투자한 기업들 중에서 이런 뜻하지 않은 고수익을 안겨줄 때가 있다. 이것이 배당주 투자의 주된 목적은 아니지만 때때로 이런 뜻하지 않은 열매는 투자자에게 즐거움이 된다.

___ 익절과 손절의 기준 설정

주식 투자자들이 궁금해하는 것 중 하나가 바로 어느 정도 주가 하락의 손실이 발생했을 때 손절을 해야 할지에 관한 문제다. 손절이란 손해를 보더라도 적당한 시점에서 매도를 해서 추가 손실을 막는 것을 의미한다. 반대로 익절이라는 것은 어느 정도의 이익을 보고 매도를 하는 것이다. 고배당주 투자에서는 손절의 상황이 자주 발생하지 않는다. 하지만 때에 따라 손절을 해야 할 수도 있다. 사람마다 기준이 다르겠지만, 자신만의 대략적인 손절과 익절 기준을 설정해 놓는 것이 좋다. 왜냐하면 원칙에 의해 움직이는 투자가 마음의 산란해짐도 줄이고 실수도 최소화할 수 있다. 한 가지 기준을 예로 들자면, 고배당주 투자에서는 대략적으로 5~10프로 정도의 하락을 손절 기준으로 정하고, 30프로 정도의 상승을 익절 기준으로 삼을 수 있다. 물론 이 기준은 투자자 자신이 세워야 할 기준이다. 손절과 익절의 경우에도 부분으로 할지 전량을 할지는 주어진 상황을 놓고 투자자가 알아서 판단해야 할 영역이다.

___ 종목 갈아타기

앞에서 다루었던 분산 투자 원칙에 따라 투자하는 투자자라면 자신의 포트폴리오에 여러 종목군의 다양한 기업이 담겨 있을 것이다. 비록 투자는 진행하지 않더라도 관찰 대상이 되는 기업들의 주식은 적어도 한두 주 정도 담아 놓아야 한다. 눈에 보여야 움직임을 알 수 있기 때문이다. 어떤 투자자의 주식 창에는 한 주만 가지고 있는 기업들이 많은데, 이것은 의아한 일이 아니다. 투자자는 관심 기업의 주식을 한 주라도 보유하면서 관찰하는 습관을 가져야 한다. 이렇게 다양한 배당 기업을 평소 틈틈이 들여다보고 있으면 보유 종목과 관심 종목들 중에서 매수 후 매도로 갈아타야 할 경우가 생긴다. 기대 수익이 더 좋은 종목으로 갈아타는 일은 투자에서 필요한 일이다. 하지만 이런 일을 단기 투자자들처럼 자주 반복해서는 안 된다. 고배당주 투자를 단기 투자식으로 하는 것은 곤란하다. 투자자는 사실 엉덩이가 좀 무거워야 한다. 또한 돈이 일해야 할 시간에는 돈을 건드리면 안 된다. 작은 설렘에도 손가락이 나가는 투자자는 큰 수익을 놓치게 된다. 하지만 정말 기회가 눈에 보일 때는 과감하게 갈아타야 한다. 주주는 기업의 가족이 아니다. 그저 일시적인 동반자일 뿐이다.

___ 고배당 종목과 주식시장에 대한 꾸준한 공부

앞에서도 언급했지만 주식시장은 변화무쌍한 곳이다. 그럼에도 고배당주 투자는 기술주나 테마주 그리고 인기 급등락주에 비해 변화의 정도와 주기가 훨씬 적은 편이다. 고배당주는 주로 전통 산업이고 가치주이기 때문에, 주식이 상대적으로 무거운 편에 속한다. 따라서 유행을 쫓아 큰 수익을 올리려고 마음 고생하는 시간에, 고배당주 투자자들은 느긋하게 자기 일을 하면서 쉬는 시간에 공부하면 된다. 변화의 방향이 수시로 달라지고, 살아남는 기업과 도산하는 기업이 갑자기 정해지는 첨단 기업들이 아니기 때문에, 소문을 미리 알고 빠르게 대응하려고 노심초사하지 않아도 된다. 그저 취미 삼아 경제도 공부하고 글로벌 경제의 거시적 환경도 뉴스에서 확인하면서 각각의 기업들을 성실하게 분석하면 된다. 이렇게 관심을 가지고 공부를 하다 보면 투자 기회들이 다가온다. 거듭 말하지만 지식이 없으면 망한다. 나의 소중한 자산을 지키려면 지식이 있어야 한다. 워런 버핏의 성공 비결 중 하나는 바로 다독이었다. 책을 많이 읽고 늘 공부하는 자세로 투자자의 삶을 살았기 때문에 투자의 대가가 된 것이다. 대부분의 개인 투자자는 투자를 전업으로 하는 전문 투자자가 아니기 때문에 투자 공부에 올인할 필요가 없다. 취미 중 하나처럼 대하면 충분하다. 자신이 가진 취미에 적당한 시간과 관심을 기울이듯이 투자 공부도 그렇게 하면 된다.

그런데 투자에 관한 공부 중 가장 중요한 공부는 개별 기업에 대한 공부가 아니라 경제의 펀더멘털에 관한 공부다. 이 기초적인 공부가 제대로 되어야 시장의 흐름을 읽을 수 있고 정보를 분석할 능력이 생긴다. 요즘은 마음만 먹으면 SNS나 유튜브에서 관련 정보를 무한정 접할 수 있다. 하지만 모든 정보가 정확한 정보는 아니다. 어떤 개인 투자자들은 증권사 리포트를 많이 신뢰하는데, 증권사도 투자자이기 때문에 때로 치우친 견해를 퍼뜨릴 때가 있다. 제대로 투자를 하는 사람이라면 미국 연방준비위원회(Fed)의 역할과 정책이 주식시장에 막대한 영향을 미친다는 사실을 알고 있을 것이다. 그런데 미국 연방준비위원회 위원들의 발언 이면에 담긴 의미를 읽어 낼수 있는 사람은 많지 않다. 이들이 원하는 방향과 그 방향으로 시장을 움직이려는 의도를 읽어야 시장의 흐름을 예측할 수 있다. 하지만 이런 분석 능력은 절대 하루아침에 길러지지 않는다. 꾸준히 공부하는 사람만 이런 통찰력을 기를 수 있다. 투자 기업에 대한 분석에 멈추지 말고, 경제의 기본에 관한 공부도 추천하고 싶다. 경제 사이클, 금리, 인플레이션, 주식시장의 원리, 각국 중앙은행의 역할 등 주식투자와 관련된 수많은 분야의 지식들이 널려 있다. 필요한 부분은 찾아서 공부하는 습관을 길러야 한다. 이런 거시적인 시장 흐름에 관한 공부를 바탕으로 깔고 개별 기업의 분석에 들어가야 한다. 예를 들어 아무리 리츠가 자신의 선호에 맞다 하더라도 금리 인상기에 투자할 종목은 결코 아니다. 시장의 큰 흐름을 읽을 줄 알아

야 어떤 섹터의 기업을 투자 대상으로 삼을지 분별할 수 있는 능력
이 생긴다.

1. 투자에 있어 지혜로운 노하우는 어떻게 쌓인다고 생각하나요? 또한 노하우와 습관은 어떤 관계가 있을까요?

_____

_____

2. 고배당주 투자에서 배당률과 함께 배당 주기가 중요합니다. 그 이유는 무엇인가요?

_____

_____

3. 고배당주 투자에서 수익은 배당과 시세 차익에서 발생합니다. 그런데 배당이 우선시되어야 한다면 어떤 마음 자세로 투자에 임해야 할까요?

_____

_____

4. 주식투자를 하면서 나름대로의 손절과 익절 기준이 있나요? 손절의 시기를 놓쳐서 낭패를 본 적이 있었나요?

_____

_____

5. 투자 대상 고배당주 기업들에 대한 공부를 취미처럼 한다면 자신의 일상생활에서 어떻게 실천할 수 있을까요?

_____

_____

Chapter 12

노후 준비는 고배당주 투자로

길어진 수명은 노후 준비를 더 많이 해야 한다는 부담으로 다가온다. 잠언에서 말하는 열심히 미래를 차곡차곡 준비하는 개미와 같은 성실한 삶이 이전 세대보다 절실해지기도 했다. 이제는 자식이 노후의 버팀목이 되던 시대는 거의 저물었다. 그렇다고 국가가 노후를 보장해 줄 수 있을지도 의문이다. MZ세대의 걱정과 불만은 자신들이 내는 국민연금의 혜택을 정작 자신들은 누릴 수 없을 것이라는 비관적인 예측 때문이다. MZ세대뿐 아니라 많은 사람이 노후를 걱정하며 미래를 불안해한다. 그렇다면 길어진 노후를 어떻게 준비해야 할까? 노후 준비의 가장 큰 관심사 중 하나는 아무래도 경제적 자립일 것이다. 노후에 대해 걱정만 할 것이 아니라 경제적 준비를 지혜롭게 해둔다면 훨씬 여유로운 노후를 보낼 수 있을 것이다. 이렇게 남은 인생을 보람되게 살아갈 수 있도록 성실히 준비하는 일은 꼭 필요한 것이라고 생각한다. 경제적 자유는 시간적 자유를 의미하고 시간적 자유는 주변 사람들을 위해 무언가를 해 줄 수 있는 보람 있는 삶을 가능케 한다. 은퇴 후에 교회나 사회에서 다양한 봉사 활동을 하면서 사는 사람들을 볼 때 참 보람 있는 인생 후반부라는 생각이 든다. 이런 관점에서 볼 때 노후 준비는 선택이 아니라 필수이며 고배당주 투자는 노후 준비를 위한 아주 든든한 방법이 될 수 있다고 생각한다. 그 이유와 근거들을 살펴보자.

___ 은행 예금은 대안이 되기 어려운 시대가 온다

한국의 국가 경로는 여러 가지 면에서 일본과 닮았다고 한다. 저출산과 저성장의 문제가 일본을 엄습했듯이 한국도 이 두 가지 문제에 직면해 있다. 한 나라가 경제적 성장을 어느 정도 이룬 뒤 인구의 현저한 감소로 인한 저성장 경제가 되면 금리가 높을 수 없다. 저성장, 저소비 경제 체제에서는 물가 상승률도 낮아지기 때문에 꺼져 가는 경제를 떠받치기 위해 저금리 정책을 쓸 수밖에 없다. 디플레이션으로 수십 년째 고생하는 이웃나라 일본은 어떻게 하든 물가 상승률을 끌어 올리려고 안간힘을 쓰고 있지만, 좀처럼 물가가 올라가질 않는다. 그래서 오래전부터 제로 금리를 넘어 마이너스 금리 정책을 펴고 있다. 예전에 쓰나미 사태가 나서 많은 집이 떠내려갔을 때 가정용 금고들이 발견된 이유도 은행에 돈을 맡겨 봐야 이자를 안 주기 때문이다. 우리의 경제와 사회 상황도 일본과 비슷하게 흘러가고 있다. 거시적으로 볼 때 이제 예금 투자의 시대는 저물고 있다.

___ 부동산도 리스크가 크다

한국 사람들이 자산의 상당 부분을 부동산으로 보유하고 있는 이유는 바로 부동산 불패신화 때문이다. 아파트를 가지고 큰 시세 차익을 얻었던 시절과 상가 투자로 건물주가 되어 편안하게 세를 받던 시절을 겪으면서, 사람들은 부동산이 답이라는 굳은 신념 같은 것을 가지게 되었다. 하지만 이제는 시대가 달라지고 있다. 인구 감소를 넘어 인구 절벽의 시대를 향해 가는 마당에, 아파트는 부의 증식은커녕 부의 유지 수단도 되기 힘들 가능성이 크다. 한편으로 집값의 안정화는 너무나도 다행스러운 일이다. 우리 사회 양극화의 가장 큰 원인이 제거될 수 있으니 말이다. 상가도 이제는 위험한 투자 대상으로 전락하고 있다. 최근 몇 년 사이에 상가에 투자한 사람들 중에서 고통을 겪는 사람들이 많이 생겨나고 있다. 지방은 물론이고 수도권이나 서울의 신축 상가를 분양받았다가 낭패를 보는 경우가 허다하다. 상가 공실률이 치솟다 보니, 임대 수익은커녕 이자와 관리비를 소유주가 물

면서 빚쟁이 주인으로 전락한 경우가 한둘이 아니다. 상가 투자자들
은 대부분 은행 대출을 낀 레버리지 투자자인데, 돈을 벌려다 오히려
돈을 잃게 된 것이다. 특히나 노후 대책으로 상가에 투자해서 이런
경우를 맞는다면 정말 안타까운 일이다. 소위 건물주의 편안한 노후
를 꿈꾸다가 예상치 않은 절벽으로 내몰리면 빠져나오기도 힘들어서
여생을 고통 속에서 보낼 수도 있다. 상가 투자는 조심해야 한다. 이
미 검증된 A급 입지라면 몰라도 분양형 상가 투자는 위험성이 매우
높다. 인구 감소와 온라인 거래의 증가는 이러한 현상을 더욱 가속화
할 전망이다.

___ 노후에는 유동성이 핵심이다

젊은 시절에는 먼 미래를 보고 토지나 재건축 부동산에 투자하는 것
이 타당할 수 있다. 하지만 노후에 긴 안목으로 투자하는 것은, 자식
을 위해 유산을 물려줄 경우가 아니라면, 합리적인 선택이 아니다.
젊은 시절에는 근로수익으로 생활하면서 여윳돈을 길게 묶어 놓는
방식의 투자가 가능하지만, 노후에는 자산을 쓰면서 살아야 하기 때
문에 자칫 자산이 묶일 수 있는 투자는 멀리해야 한다. 유동성을 확
보할 수 있는 자산관리를 해야 한다는 뜻이다. 부동산에 잘못 투자했

다가 자산이 묶이는 경우 정말 답답한 현실을 맞게 된다. 하지만 주식이나 채권은 언제든 현금화할 수 있기 때문에 그런 면에서 훨씬 자유로운 선택이 될 수 있다.

___ 노후에도 금융 지식과 민감도를 유지해야 한다

선진국형 저성장 국가가 되면 금융이 산업의 꽃이 된다. 따라서 금융을 모르고 금융 문맹인이 되면 자산의 운용도 지혜롭게 할 수 없을 뿐 아니라 위험 상품을 구별하지 못하고 낭패를 당할 수 있다. 이 글을 쓰고 있는 2023년 12월에도 금융 지식이 부족해서 위험 상품을 권유받고 가입한 사람들의 안타까운 이야기가 뉴스에 계속 오르내리고 있다. ELS(주가연계증권)라는 일반인이 이해하기 어려운 상품에 시중 금리보다 높은 수익을 보장해 준다는 상품 판매자의 말만 듣고 가입했는데, 만기가 다가오는 시점에 원금의 절반 이상이 손실로 날아갈 지경이 되어 버린 것이다. 참 안타까운 일이다. 노후생활을 위해 은행에 목돈을 맡기러 갔다가 예금보다 훨씬 좋은 상품이라는 말에 끌려 위험 요소를 간과하고 가입한 것이 화근이 된 것이다. 노후에도 금융 지식과 민감도를 유지해야 한다는 말이 금융에 관한 전문가 수준의 지식을 쌓아야 한다는 뜻은 아니다. 적어도 어떤 상품을 들었을 때 그 상품에 대해 스스로 알아보고 분별할 수 있는 능력을 말한다. 이제 웬만한 지식은 인터넷을 뒤지면 다 찾아낼 수 있는 시대다. 금융에 대한 기본 지식만 있어도 모르거나 생소한 부분을 알아보고 파악하는 데는 전혀 지장이 없다. 사실 공짜 점심은 없다. 정상적인 수익보다 훨씬 큰 수익을 안정적으로 얻을 수 있다는 말 자체가 이상하게 들려야 한다. 시장의 근본 원칙은 "High risk, high return"이다. 고수익에는 고위험이 따른다.

앞에서도 언급했지만 미국과 같은 선진국에서는 노후를 주식과 채권에 대한 직간접적인 투자로 준비하고 생활한다. 월 배당 주식이 인기가 있는 이유도 이 때문이다. 우리나라도 공적 연금인 국민연금의 주된 투자 대상은 주식과 채권이다. 이러한 시대의 흐름과 여러 가지 상황을 고려해 볼 때, 고배당 주식투자는 노후 준비의 훌륭한 대안이 될 수 있다고 본다. 특별히 리츠에 대한 투자에도 관심을 둘 필요가 있다. 이웃 나라 일본의 리츠 시장 규모는 현재 약 162조로, 미국 다음으로 크다. 한국의 리츠 시장은 이제 태동기일 뿐이지만 앞으로 점점 규모가 커질 것이다. 노후에는 첨단 기술주나 테마주 같은 투자 종목들처럼 변동성이 심한 투자를 피하는 것이 좋다. 편안한 삶을 위해서는 종목도 편해야 한다.

1. 은퇴 후나 노후의 삶에 대한 관심이 어느 정도며 어떤 준비를 하고 있나요?

2. 노후에 대한 걱정과 노후에 대한 성실한 준비는 서로 다릅니다. 성경은 이 두 가지, 즉 걱정과 성실한 준비에 대해 어떻게 가르치고 있나요?

3. 우리나라의 경우 앞으로 노후 준비를 위해 금융 자산을 부동산보다 중시해야 할 이유는 무엇인가요?

Chapter 13

채권투자

주식과 채권에 대해 사람들이 잘 모르는 사실이 하나 있다. 글로벌 마켓에서 채권시장의 규모가 주식시장의 규모보다 훨씬 크다는 사실이다. 투자 펀드들이 더 많이 몰리는 곳은 주식시장이 아니라 채권시장이다. 하지만 채권투자는 최근까지 개인 투자자들이 쉽게 접근할 수 있는 영역이 아니었다. 일반 투자자들에게는 접근하기도 용이하지 않았고 사실 별 관심도 없었다. 그런데 최근에 상황이 급변하고 있다. 2023년 초부터 12월 6일까지 우리나라의 개인 투자자들은 주식시장 내 채권형 ETF 상품을 제외하고 장외 시장에서만 무려 35조 원 이상을 채권 매입에 쏟아부었다. 이토록 많은 개인 투자자들이 이전에 없던 채권투자의 열풍에 참여할 정도로, 채권투자는 매력적이다. 특히나 고금리의 정점에서 이제 금리 하락이 예상되는 지금과 같은 채권투자의 기회는 거의 30년 만에 찾아온 기회다. 채권을 직접 사는 투자와 함께 주식시장 장내에서도 다양한 채권투자용

ETF 상품들이 출시되어 있다. 주로 우리나라와 미국의 국채에 투자하는 상품들인데, 아주 인기가 높다. 주식 투자자라면 채권투자의 기본적인 원리에 대해서도 알고 있어야 한다. 특히나 포트폴리오 구성에서 채권을 담아야 할 때가 반드시 있을 테니 채권투자의 실전에 대해서도 알고 있어야 한다. 채권은 주식투자의 대안상품 내지는 병행투자의 좋은 선택지가 되기 때문이다. 또한 채권투자 자체의 매력도 높은데, 예금의 안정성과 주식의 수익성을 합쳐 놓은 것 같은 효과가 바로 채권투자다.

채권투자에 대해 자세히 설명하려면 한 권의 책이 따로 필요할 것이다. 이 장에서는 채권투자에 대한 이해를 돕기 위한 아주 기본적인 개념들만 설명하려고 한다. 채권투자에 대해 더 깊이 공부하고 싶은 분들에겐 『채권투자 핵심노하우』라는 책을 추천하고 싶다. 한국의 대표적인 채권투자 전문가 중 한 명인 마경환 GB투자자문 대표가 쓴 책인데, 마경환 대표의 유튜브 강의도 채권투자에 대한 노하우를 얻는 데 큰 도움이 될 것이다.

___ 채권투자란

채권은 약속 어음과 비슷한 증서다. 발행 주체가 채무자의 돈을 빌리면서 정해진 기간 동안 약속한 이자를 지급하겠다는 약속 증서가 채권이다. 그 주체에 따라 국가가 발행한 채권이 국채고, 한국전력과 같은 공공기관이 발행한 채권이 공채다. 금융기관이 발행하면 금융채이고, 기업들이 발행하면 회사채다. 채권은 발행 주체의 신용도와 채권 기간, 그리고 발행 당시의 금리나 경제 상황에 따라 금리가 정해지며, 아무래도 기준 금리의 영향을 가장 많이 받는다. 채권은 기간에 따라 1개월물, 3개월물, 1년물, 3년물, 10년물, 심지어 국채의 경우는 30년물까지 다양하다. 기간이 짧은 채권을 단기채라고 하고 길면 장기채라고 한다. 국채가 가장 안전하게 취급되며, 회사채 중에서 신용도가 낮은 회사의 채권이 가장 위험하게 취급된다. 채권투자에서도 당연히 "High risk, high return"의 원칙이 작동한다. 신용도가 낮은 회사채의 금리는 매우 높지만 발행한 기업이 망하면 채권이 하루아침에 휴지조각이 될 수 있다. 가장 안전한 채권은 국채나 공채다.

___ 채권투자의 장점

1) 안정적 투자: 채권투자에도 은행의 예금처럼 정해진 기간과 정해진

이자 그리고 만기가 있다. 단순하게 생각하면 은행보다 금리가 높고 안전한 채권을 보유하면서 일정 기간마다 이자를 받는 것이 채권의 가장 기본적인 수익 개념이며 장점이다. 채권투자는 대부분 은행금리보다 높은 이자를 받으면서도 주식투자보다 훨씬 안정적이다. 금융 분야에 있어서 필자가 신뢰하는 분이 있는데, 이분은 증권가 센터장을 오래하고 경제 칼럼니스트로 활동하다 2023년 초에 안타깝게 일찍 세상을 떠나셨다. 해박한 지식과 균형 잡힌 견해 때문에 이분의 글을 보는 것이 하나의 즐거움이었다. 그런데 필자가 이분을 좋아하는 또 다른 이유가 있다. 이분은 주식전문가로 오랫동안 현장에 몸담고 있었으면서도 정작 자신은 주식투자를 안 하셨다. 이 점이 참 특이하고 매력적이라고 느꼈다. 자신이 주식투자를 하지 않기 때문에 주식시장에 대한 보다 객관적인 분석을 할 수 있지 않았을까 하는 생각도 들었다. 그렇다고 이분이 자신의 금융자산을 은행에 맡긴 것은 아니다. 이분은 채권에만 투자를 했다. 신용등급은 낮지만 망할 염려가 거의 없는 기업이 발행한 회사채에 투자해서 은행금리보다 훨씬 높은 이자를 받는 것이 좋았다고 한다. 부도가 날 염려가 없으면서 주기적으로 높은 이자를 받을 수 있어서 만족도가 높았다는 것이다. 채권의 기본 원리에 입각한, 안정적이면서도 은행보다 높은 이자를 받는 투자를 선택한 것이다.

2) 시세 차익: 이 부분은 채권에 대한 기본적인 공부가 되지 않은 사람들에게 좀 생소하게 들릴 것이다. 채권은 예금과 같으면서도 주식과 비슷한 성격을 지니고 있다. 무슨 말인가 하면 채권은 확실하게 정해진 이자를 지급하면서도 그 채권물의 가격이 변한다는 사실이다. 따라서 채권투자의 시기를 잘타면 정해진 이자는 물론 시세 차익까지 누릴 수 있어서 배당주 투자와 흡사한 효과를 누릴 수 있다. 이 부분에 대해서는 다시 자세히 설명하려고 한다.

3) 위험 헷지: "헷지"(hedge)는 제거하거나 줄인다는 뜻의 단어다. 따라서 위험을 헷지한다는 의미는 위험을 제거하거나 줄인다는 뜻이다. 그렇다면 채권투자가 어떻게 위험 헷지의 수단이 될 수 있을까? 하나의 예를 들어 보겠다. 역금융장세가 되면 금리가 높아지고 채권금리도 높게 책정된다. 채권으로 높은 수익을 얻을 수 있다는 뜻이다. 그런데 고금리 정책은 기업의 실적을 부러뜨려서 역실적장세를 만든다. 역실적의 정도가 심하면 경기 침체가 오고 아주 심하면 경제 시스템이 붕괴되는 금융 위기가 발생한다. 이러한 위험이 예측되는 상황에서 주식에만 투자하면 실제로 위기 상황이 왔을 때 큰 피해를 입을 수밖에 없다. 이럴 때 채권에 일부 투자하는 포트폴리오를 구성한다면, 채권투자로 마치 예금처럼 정해진 이자를 받을 수 있어 안정적이다. 동시에 경기 침체나 금융 위기가 발생하면 금리는 급격히 떨어지고 덩달아 채권 가격은 급등

한다. 따라서 주식으로 손해를 보더라도 채권으로 수익을 볼 수 있기 때문에 주식투자에서 발생한 손실을 만회할 수 있는 위험 헷지가 되고, 또 보유하던 채권을 높은 시세로 팔아서 경기 침체로 하락한 주식에 투자함으로써 경기 회복에 따른 주가 반등 시 큰 수익을 얻을 수 있다.

위험 헷지에 대해 추가적인 설명과 예를 들어 보자. 미국의 주식시장에서 투자하는 상품들은 환율의 변동이 위험 요소가 될 수 있다. 주가가 올라도 달러 환율이 떨어지면 손실을 보는 경우가 발생할 수 있기 때문이다. 이런 환율 변동의 위험을 제거해서 투자자들이 보다 마음 편하게 한국 주식시장에서 거래할 수 있도록 환율 헷지가 된 미국 상품들이 있는데, 그 의미는 환율의 변동성이 상품의 주가에 영향을 미치지 않도록 조치했다는 뜻이다. 예를 들어 "ACE미국30년국채익티브(H)"라는 상품은 한국 시장에서 미국국채 30년물에 투자하는 ETF 상품으로, 이 상품명의 마지막 괄호 안의 "H"는 Hedged의 약자다. 즉, 원화 대비 달러화 환율의 변동 위험성을 헷지한 상품이라는 뜻이다.

___ 채권투자로 발생하는 시세 차익

채권투자로 시세 차익을 본다는 의미는 무엇일까? 채권의 본래 의미
는 정해진 기간 동안 약속된 이자를 받는 것이다. 그런데 정해진 기
간의 약속 이자는 보장받으면서 보유한 채권의 시장 가격은 변할 수
있고 또 변하게 된다. 예를 들어 A라는 사람은 국채를 약정 이자 4프
로에 매입했고 B는 같은 국채를 얼마 뒤 채권금리 하락으로 3프로에
매입했다고 가정해 보자. A와 B 둘 다 정해진 기간 동안 각자의 채
권을 보유한다면, 약속된 이자를 주기적으로 받다가 만기일에 원금
을 상환받을 수 있다. 그런데 만일 A와 B가 자신이 보유한 채권을 만
기 전에 매도하려 한다면 매수자는 어느 쪽의 채권을 선호할까? 당
연히 4프로짜리 채권이다. 따라서 4프로짜리 채권과 3프로짜리 채
권이 시장에서 거래되는 가격에는 차이가 날 수밖에 없다. 여기에 남
은 기간이 얼마인가도 가격 차이에 영향을 미친다. 예를 들어 30년
장기 국채처럼 잔존 기간이 길게 남은 채권은 금리 변동에 잔존 기간
의 변수까지 고려해야 해서 단기 채권보다 채권 가격 변동이 클 수밖
에 없다. 30년 동안 4프로 이자를 받는 채권과 3프로 이자를 받는 채
권은 매년 1프로 차이가 30년 동안 발생하므로 큰 시세 차이가 생기
게 된다. 결론적으로 채권의 시세 차이를 결정하는 요인은 두 가지인
데, 첫째는 발행 금리이고 둘째는 채권의 잔존 기간이다. 채권 가격
의 변동 원리에서 헷갈릴 수 있는 부분이 있는데, 채권 금리가 내려

가면 보유하고 있는 채권의 가격은 올라가고 반대로 채권 금리가 올라가면 보유하고 있는 채권의 가격은 내려간다는 점이다. 이 원리를 이해한다면 채권투자의 핵심을 이해한 것이다. 채권에 관해 더 자세히 공부하고 싶다면 앞에서 언급한 자료들이나 기타 도움이 될 자료들을 찾아서 공부하기 바란다.

1. 채권투자를 예금과 주식투자와의 관계에서 설명해 봅시다.

2. 채권투자로 주식투자의 위험을 헷지한다는 의미는 무엇이며, 어떤 경우에 해당하는지 예를 들어 봅시다.

3. 채권투자에서 보유하고 있는 채권 가격이 올라가고 내려가는 시세의 변동은 어떻게 발생하는지 설명해 봅시다.

Chapter 14

절세 투자의 팁:

ISA 절세 계좌 및 IRP 퇴직연금

___ ISA 절세 계좌

주식투자에는 세금이 붙는다. 현재는 증권사 거래 수수료 외에 매도 시 거래 세금이 자동 부과된다. 2023년 코스피 기준으로 매도 시 총 거래액의 0.2프로가 세금으로 자동 납부되는데, 앞으로 혹시라도 양도소득세 제도가 실시된다면 거래세는 점차 낮아질 전망이다. 그런데 배당이나 해외 주식형 ETF와 ETN 상품들의 투자 수익에 대해서는 은행예금과 마찬가지로 수익에 15.4프로의 세금이 부과된다. 이러한 세금 부담을 낮춰 주기 위해 개인 투자자를 대상으로 만든 제도가 ISA 절세 계좌다. ISA는 "Individual Savings Account"의 약자로, 우리말로는 "개인종합자산관리계좌"라고 한다. 단 하나의 계좌로 다양한 금융상품 투자는 물론 세제 혜택이 있어 절세에 도움이 되는 제도다. 특히나 배당주 투자자들에게는 아주 유용한 제도다. 증권사를 방문해서 자세한 상품 설명을 듣고 가입하는 것이 좋다. 온라인으로 상품을 파악하고 증권사 거래 어플에서도 가입은 가능하다. 여기에서는 중요한 내용만 설명하려고 한다.

ISA 계좌는 한 사람당 한 계좌만 개설할 수 있으며 1년에 2천만 원 한도로 5년간 총 1억 원까지만 가입이 가능하다. 또한 가입 후 3년 이상의 의무 기간을 거쳐야 세제 혜택을 누릴 수 있다. 주요 혜택을 살펴보면, 첫째, 발생한 손익을 합쳐 순이익 200만 원까지는 세금이 부과되지 않는다. 자격이 되어서 서민형 ISA에 가입되면 이 한도는 400만 원으로 늘어난다. 둘째, 200만 원을 초과하는 수익에 대해 일반 계좌에서는 배당 소득세율이 15.4프로인데 ISA 계좌에서는 9.9프로만 분리 과세가 된다. 일반 계좌에서는 모든 배당 수익에 대해 15.4프로의 배당 소득세가 부과되지만, ISA는 200만 원이나 400만 원이 넘는 소득에 한해서 9.9프로의 배당 소득세만 부과되는 것이다. 개인 투자자들에게는 정말 도움이 되는 제도다. 여유 자금으로 장기간 투자를 하는 투자자에게는 3년이라는 의무 보유 기간도 큰 지장이 안 될 것이다.

___ IRP 퇴직연금

IRP란 "Individual Retirement Pension"의 약자로, 회사에서 적립하는 퇴직연금을 근로자 스스로도 준비할 수 있도록 한 제도이며, 소득이 있는 근로자나 자영업자가 가입 대상이다. 취업자의 경우 이직 및 퇴직 시 퇴직 급여를 수령하는 계좌에 근로자 스스로가 본인 부담금도 추가로 운용할 수 있도록 해 노후 준비를 더 두텁게 할 수 있도록 만든 절세 상품이다. IRP 계좌를 통한 세액 공제 한도는 개인연금저축 한도 600만 원을 포함해 최대 900만 원까지다. IRP 제도를 활용하면 연 납입 한도가 900만 원일 경우 총 급여가 5천 5백만 원(종합소득금액 4천 5백만 원) 이하일 때 16.5프로, 즉 최대 148만 5천 원까지 환급받을 수 있다. 그 이상인 경우에는 13.2프로로, 118만 8천 원까지 환급받을 수 있다. IRP 계좌로 투자할 경우 한 가지 조건이 있는데, 예금이나 채권 같은 안전 자산의 비중을 최소 30프로는 유지해야 한다. 따라서 IRP로 주식 등 위험 자산에 투자할 경우 투자 한도는 70프로가 된다. IRP는 투자 시에 절세를 할 수 있고 환급제도도 있어 자격이 되는 투자자에게는 이득이 되는 제도이므로 적극적으로 활용하는 것이 수익증대에 도움이 된다. IRP에 대한 자세한 문의나 가입은 은행이나 보험사 또는 증권사를 통하면 된다. 계좌 개설 전에 수수료를 비교해서 더 유리한 곳을 선택하는 것이 좋다.

1. 평소에 세금 절약을 위해 어떤 노력을 하고 있나요?

_____

_____

_____

2. 국가에서 운영하는 ISA와 IRP 제도에 대한 이해도는 어느 정도인가요?

_____

_____

_____

3. ISA와 IRP 제도 중 본인에게 유익하다고 판단되며 따라서 실천에 옮겨야 할 제도는 어떤 것(들)인가요?

_____

_____

_____

주식투자에도 선행의 철학이 있어야

남에게 나누어 주는데도 더욱 부유해지는 사람이 있는가 하면,
마땅히 쓸 것까지 아끼는데도 가난해지는 사람이 있다.
남에게 베풀기를 좋아하는 사람이 부유해지고, 남에게 마실 물
을 주면, 자신도 갈증을 면한다. (잠언 11장 24~25절)

주식투자에도 선행의 철학이 있어야 한다. 특히나 그리스도인이
라면 성경적인 철학이 반드시 있어야 한다. 이것은 비즈니스를 하는
사람에게도 마찬가지다. 여기서 말하는 철학이란 고귀한 비전을 말
한다. 즉, 자기만을 위한 투자가 아니라 이웃을 위한 마음과 비전이
있어야 하는 것이다. 투자자는 사회의 정의 실현을 위한 나름의 철학
을 가져야 한다. 그럴 때 투자는 의미를 지니게 되고 열매는 진정한
기쁨을 줄 수 있다. 특별히 그리스도인들은 삶의 모든 부분에서 하나
님을 의지하고 믿고 나아가면서 하나님의 나라를 이루는 것이 궁극
적인 존재 이유이기에, 투자에 임할 때도 이 큰 그림을 생각하면서

자신의 투자가 하나님 나라와 어떻게 연결되어야 할지 고민하고 실천해야 한다. 가까이는 교회를 섬기는 비전 그리고 넓게는 사회적 소외자들과 경제적 취약자들을 돌보려는 꿈이 있어야 한다.

신학 공부를 하기 전에는 사업을 하면서 주식투자를 했었는데, 목회자의 길로 접어든 뒤로는 주식투자에 거의 손을 대지 않았다. 교회 개척 초기에는 그럴 여유도 없었다. 그러다가 몇 년 전부터 자녀의 교육비 마련을 위해 투자시장에 복귀했다. 예전에 했던 경험과 그동안 틈틈이 취미 삼아 해 둔 공부가 많은 도움이 되었다. 우리 교회는 몇 년 전부터 매년 연말이나 연초에 아프리카 우물 프로젝트 모금을 해 오고 있다. 아프리카 말라위에서 깨끗한 물이 없어 질병으로 고생하는 사람들에게 우물을 파주는 일인데, 우물 한 개를 파면 500명 이상이 혜택을 볼 수 있는 뜻깊은 프로젝트다. 나도 투자 수익을 통해 우물 프로젝트 모금에 동참할 수 있었고, 보람과 기쁨을 느낄 수 있어 감사했다.

철학을 가진 투자자는 돈을 버는 것만을 목적으로 하는 투자자가 아니다. 하나님을 섬기고 이웃을 사랑하고 보살피려는, 자신을 넘어서는 비전을 가지고 사는 사람이다. 이 책을 준비하면서 인터뷰했던 어느 선교사님이 자신의 투자 방식과 투자 철학을 설명하면서 두 가지를 강조하셨는데, 하나는 너무 큰 수익을 욕심내지 말자는 것이었고 다른 하나는 수익이 나면 가장 우선 하나님을 생각해야 한다는 것이었다. 이분은 매년 말 자신의 투자 손익을 계산해서 수익이 나면 일정 부분을 꼭 하나님의 일에 사용한다고 한다. 작은 실천부터 해 나가는 습관을 들이면 어떨까?

예를 들면 컴패션 같은 구호단체를 통해 한 아동의 생활과 교육 그리고 믿음을 후원하는 일도 아주 훌륭한 선택이 될 수 있다. 1952년에 한국의 전쟁고아들을 돕기 위해 세워진 이 단체는 이제 전 세계 27개국에서 220만 명 이상의 아동들을 돕고 있다. 한국은 이제 후원을 받던 나라에서 후원을 하는 나라가 되었으며, 한 달에 4만 5천 원을 기부하면 한 아동에게 음식과 교육 그리고 복음을 전할 수 있다. 컴패션은 항상 지역 교회와 손잡고 아동들을 도와주며 신앙의 길로 이끌고 있다. 가난한 아동들에게 빵과 복음을 주고 이 세상에서 절망하지 않고 미래의 꿈을 가질 수 있도록 도와주는, 하나님께서 기뻐하실 선행이라고 생각한다. 이처럼 투자가 열매를 가져올수록 주변을 돌보려는 투자자의 철학을 함께 만들고 실천해 가면 좋겠다. 여러분이 그런 멋진 투자자의 삶을 살 수 있기를 진심으로 응원한다.

1. 주식투자도 선행의 고귀한 철학과 함께할 수 있다는 부분에 대해 어떻게 생각하나요?

_____

_____

_____

2. 아일랜드 출신으로 인도에서 선교사로 섬겼던 에이미 카마이클(Amy Carmichael)은 55년간 선교와 봉사에 헌신했습니다. 이분이 남긴 말 가운데 이런 말이 있습니다. "사랑함이 없이 베풀 수는 있어도 베풂이 없이 사랑할 수는 없다"(One can give without loving, but one cannot love without giving). 투자의 일차적인 목적은 수익이지만 그 수익을 통한 궁극적인 목적은 가족 사랑, 이웃 사랑 그리고 하나님 사랑이라는 점에 대해 생각해 봅시다.

_____

_____

_____

3. 이 책을 읽으면서 느낀 점이 있다면 어떤 것들인가요?

_____

_____

_____

4. 이 책이 자신의 주식투자에 어떤 건설적이 자극을 주었나요? 있었다면 구체적으로 어떻게 실천할 수 있을까요?

_____

_____

_____

5. 그리스도인의 입장에서 주식투자에 관한 추가적인 질문이 있나요?

_____

_____

_____

6. 주식투자에 대해 앞으로 더 알고 싶은 부분이나 질문이 있다면 어떤 것들인가요?

_____

_____

_____

5-6번 관련 질문은 네이버카페 "성경에서 배우는 주식투자"에 가입한 후 남기시면 됩니다. 여러분이 남기는 소중한 질문들은 다음 책에서 다뤄보도록 하겠습니다. 앞으로 여러분의 경제와 투자활동이 주님의 다스리심과 말씀의 인도하심 가운데 이루어지도록 기도하는 시간을 주기적으로 가지면 좋겠습니다.

성경에서 배우는 주식투자

초판 1쇄 발행 2024년 2월 29일

지은이   유재혁
편집   서재은
디자인   류은혜, 이세빈

펴낸곳   카비넌트북스
펴낸이   유재혁
출판등록   2024년 1월 3일 제2024-000001호
주소   서울특별시 송파구 삼전로 102 삼전빌딩 3층(삼전동)
전화   02-417-3232
전자우편   seoulcovenantbooks@gmail.com
홈페이지   www.covenantbooks.co.kr
네이버카페 "성경에서 배우는 주식투자"

ISBN   979-11-986200-1-9(03320)